JESUS
ALÉM DOS ESTEREÓTIPOS
PATRIARCAIS

Dados Internacionais de Catalogação na Publicação (CIP)
(Câmara Brasileira do Livro, SP, Brasil)

Corallo, Annamaria
  Jesus além dos estereótipos patriarcais /
Annamaria Corallo ; tradução de Karen Clavery Macedo. –
Petrópolis, RJ : Vozes, 2024.

  Título original: Gesù oltre gli stereotipi patriarcali
  ISBN 978-85-326-6974-2

  1. Cristianismo 2. Jesus Cristo 3. Teologia
4. Patriarcado I. Título.

24-217296 CDD-232

Índices para catálogo sistemático:

1. Jesus Cristo : Cristologia 232
Eliane de Freitas Leite – Bibliotecária – CRB-8/415

ANNAMARIA CORALLO

JESUS
ALÉM DOS ESTEREÓTIPOS
PATRIARCAIS

Tradução de Karen Clavery Macedo

Petrópolis

© 2022 Edizioni La Meridiana
Os textos bíblicos do Primeiro Testamento são traduzidor pelo Autor.
(c) 2022 Bibbia della Riforma. Il Nuovo Testamento
SBBF – Società Biblica in Italia, Roma
Edição brasileira publicada por intermédio da Agência Literária Eulama.

Tradução do original em italiano intitulado
Gesù oltre gli stereotipi patriarcali

Direitos de publicação em língua portuguesa – Brasil:
2024, Editora Vozes Ltda.
Rua Frei Luís, 100
25689-900 Petrópolis, RJ
www.vozes.com.br
Brasil

Todos os direitos reservados. Nenhuma parte presentes na edição original desta obra, poderá ser reproduzida ou transmitida por qualquer forma e/ou quaisquer meios (eletrônico ou mecânico, incluindo fotocópia e gravação) ou arquivada em qualquer sistema ou banco de dados sem permissão escrita da editora.

CONSELHO EDITORIAL	PRODUÇÃO EDITORIAL
Diretor	Aline L.R. de Barros
Volney J. Berkenbrock	Marcelo Telles
	Mirela de Oliveira
Editores	Natália França
Aline dos Santos Carneiro	Otaviano M. Cunha
Edrian Josué Pasini	Priscilla A.F. Alves
Marilac Loraine Oleniki	Rafael de Oliveira
Welder Lancieri Marchini	Samuel Rezende
	Vanessa Luz
Conselheiros	Verônica M. Guedes
Elói Dionísio Piva	
Francisco Morás	
Gilberto Gonçalves Garcia	
Ludovico Garmus	
Teobaldo Heidemann	

Secretário executivo
Leonardo A.R.T. dos Santos

Diagramação: Editora Vozes
Revisão gráfica: Nilton Braz da Rocha
Capa: Estúdio 483

ISBN 978-85-326-6974-2 (Brasil)
ISBN 978-88-6153-927-3 (Itália)

Este livro foi composto e impresso pela Editora Vozes Ltda.

À minha mãe, que me ensinou a acreditar sem desistir de pensar.

Sumário

Além do patriarcado: delineando nossa pesquisa, 11

Além das expectativas sociais, 15

O início do Evangelho (Mc 1,1-6) 15

Os pilares sociais do patriarcado 18

Uma ruptura confirmada 25

Chamado a partir (Mc 1,16-20) 26

Os Doze sem parentesco (Mc 3,13-19) 27

Expectativas não cumpridas 29

Além das expectativas familiares, 33

Os pais no contexto patriarcal 33

Expectativas não cumpridas (Mc 3,20-35) . . . 36

Expectativas cumpridas (Mc 6,18-29) 46

Jesus e honra devida aos pais (7,9-13) 50

Além das expectativas 52

ALÉM DA RIGIDEZ DOS PAPÉIS DE GÊNERO, 55

Papéis de gênero no patriarcado 55

Complexidade negada: identidade sexual 56

Como sou: nível biológico 57

Como me percebo: o nível psicológico. 59

Por quem me apaixono: nível emocional 62

Como me relaciono: nível social 64

Como me comporto: nível moral 66

Os papéis de gênero e o Evangelho 67

O masculino libertado (Mc 5,1-20) 67

O feminino libertado (Mc 5,21-43) 74

Além dos sufocantes papéis de gênero 79

ALÉM DO MATRIMÔNIO PATRIARCAL, 83

A raiz do androcentrismo 83

Modelos bíblicos de matrimônio 88

Poligamia 89

O contrato matrimonial 91

O repúdio 93

O matrimônio segundo Jesus 96

O matrimônio de Jesus 96

A opinião de Jesus 104

Jesus e o divórcio (Mc 10,1-12) 104

Uma mulher e muitos maridos (Mc 12,18-27) 108

Além do matrimônio patriarcal 112

Além dos modelos patriarcais, 115

O modelo patriarcal........................... 115

A contraproposta do Evangelho............... 119

Jesus está além, 133

Um homem alternativo....................... 133

Além dos caminhos já percorridos 136

Além do que está escrito, 139

Além do patriarcado
delineando nossa pesquisa

Este livrinho deseja acompanhar a descoberta da proposta libertadora do Evangelho de Jesus, o homem que mostrou o rosto mais cristalino de Deus a ponto de ser reconhecido como seu Filho. Jesus é, portanto, o primeiro termo de referência. Na sua vida, nos seus gestos e nas suas palavras vemos o rosto amoroso e vital daquele Deus que Jesus chamava de Pai e a quem descrevia com traços de Mãe. A narrativa de Marcos é a que oferece os acontecimentos paradigmáticos desse processo de libertação que caracteriza a proposta de Deus por meio de Jesus.

O segundo termo é o estereótipo. O estereótipo é uma crença enraizada no senso comum e generalizada sobre algumas situações. Estereótipo é rigidez e falta de pesquisa. Por isso, o estereótipo é o oposto do Evangelho. O primeiro é estático e exige que você se adeque ao seu horizonte. O segundo é dinâmica pura que chega às pessoas onde elas estão e como estão, para comunicar a maravilha de um amor libertador e curador, o de Deus, vivido ao longo da vida em encontros e consciência profunda.

O termo que fecha a lista de palavras úteis para nossa pesquisa é *patriarcado*. Esta palavra refere-se ao modelo social que reconhece ao *patēr* (pai), portanto ao masculino, a capacidade de ser ἀρχή (*arché*), ou seja, o princípio regulador da realidade, mas também o líder. O patriarcado é, portanto, organizado e desenvolve-se como um sistema de dominação permanente e estrutural do homem, enquanto homem, sobre as mulheres, moças e rapazes e – em geral – sobre os vulneráveis da sociedade. Este sistema estrutura-se voluntariamente em colaboração e apoio mútuo com outros aparelhos opressores: capitalismo, colonialismo, racismo, imperialismo e fundamentalismo. Como notaremos ao longo das páginas do nosso percurso, o patriarcado não garante um benefício real ao homem, enquanto homem, em detrimento da mulher, enquanto mulher. O patriarcado oprime homens e mulheres, porque impõe expectativas, papéis e normas que devem ser seguidas por todos, a ponto de reduzir toda e qualquer originalidade ao seu estático estereótipo.

Essa estrutura tomou forma ao longo dos séculos da história e ainda prevalece na maioria das culturas humanas. Isso se encontra de maneira marcante na mentalidade bíblica. A Bíblia, de fato, como escrita humana, traz todos os traços da cultura em que nasceu: é impossível esconder o seu caráter patriarcal. Mas as suas expectativas patriarcais não são reveladas por Deus e, portanto, absolutas, mas simplesmente emprestadas da cultura da época em que viveram as pessoas que escreveram os textos bíblicos.

Por outro lado, a Bíblia revela dinâmicas relacionais alternativas que encontram a sua expressão máxima em Jesus. Para compreendê-las, não podemos contentar-nos com uma leitura superficial, mas devemos desenvolver um olhar global sobre a proposta de Jesus, que perceba o dinamismo libertador que o Deus bíblico transmite continuamente à história, às relações e aos encontros. Nessa perspectiva mais ampla e madura, os fundamentos do patriarcado são radicalmente questionados pelo Evangelho.

É o que tentaremos averiguar neste percurso não exaustivo, mas exploratório, pelas páginas do relato marcano, isto é, a versão narrada por São Marcos, à luz da proposta libertadora de Deus, que se torna história em Jesus de Nazaré.

Além das Expectativas Sociais

Um dos condicionamentos mais intensos da mentalidade patriarcal se materializa nas expectativas sociais que tem em relação às pessoas individuais. Antes de apreendê-los em sua estrutura no tempo de Jesus, abramos o Evangelho segundo Marcos e vejamos como ele se apresenta.

O início do Evangelho (Mc 1,1-6)

> Início do Evangelho de Jesus Cristo, Filho de Deus (Mc 1,1)

A primeira página do relato de Marcos se abre com um título solene que anuncia o conteúdo de todo o livro: uma boa notícia. Evangelho é um termo transliterado do grego, ou seja, reproposto em sua forma original mas aportuguesada, que literalmente significa precisamente *bela* ou *boa notícia*. A boa notícia, sabemos, consiste precisamente na pessoa de Jesus, reconhecido como Cristo e Filho de Deus. Então, essa boa notícia é introduzida por uma citação bíblica que nele encontra o seu cumprimento.

> Como está escrito no Profeta Isaías: Eis que eu envio o meu mensageiro à tua frente; ele preparará o teu caminho. Voz de quem clama no deserto: preparai o caminho do Senhor, endireitai as suas estradas (Mc 1,2-3).

Essa citação bíblica, que Marcos apresenta como retirada do Livro do Profeta Isaías, é na verdade uma fusão de várias páginas da Bíblia, ou seja, um mosaico de textos do Primeiro Testamento, reunidos como se estivessem originalmente numa única página. Marcos cita o primeiro êxodo, ocorrido com Moisés (Ex 23,20), o retorno do povo do exílio na Babilônia (Is 40,3) e o chamado êxodo escatológico (Ml 3,1) que teria sido realizado com a chegada do Messias. Na prática, Marcos evoca uma história marcada pela libertação: tanto como memória de um passado, no êxodo e regresso do exílio, quanto como abertura a novos caminhos de liberdade. Portanto, o surgimento de Jesus em cena é lido como a conclusão de um processo de libertação profunda que implica uma mudança de paradigma na forma de olhar para Deus e, portanto, para a vida.

Contudo, um aspecto interessante não deve ser subestimado. A citação encontra o seu primeiro cumprimento numa figura particular: João, prefigurado como o mensageiro esperado.

> Assim apareceu João no deserto, batizando e pregando um batismo de conversão para o perdão dos pecados. Vinham procurá-lo toda a região da Judeia e todos os habitantes de Jerusalém. Confessavam os seus pecados e por ele eram batizados no Rio Jordão (Mc 1,4-5).

Se Jesus é precedido em cena por João Batista, a sua figura não pode ser indiferente à compreensão de todo o Evangelho, mas será parte integrante dele. Para descobrir, comecemos nos perguntando quem é esse João Batista. Marcos no-lo apresenta ligado ao rito penitencial realizado por João. Não é por acaso que ele entrou na história tal como o Batista, ou seja, "aquele que imerge". Em seguida, Marcos dá algumas rápidas pinceladas.

> João usava um manto feito de pelos de camelo, um cinto de couro na cintura e comia gafanhotos e mel silvestre (Mc 1,6).

Em sua narrativa seca e lacônica, Marcos não oferece detalhes nem dedica palavras específicas para situar melhor o Batista. Ele no-lo descreve com os traços essenciais e ásperos de um profeta do deserto, lembrando diretamente Elias, como indica a referência ao manto e ao cinto de couro (2Rs 1,8) e a sua localização perto do Jordão (2Rs 2,6-18). Elias é o profeta que deve regressar para abrir o caminho ao Messias, como evoca a citação de Ml 3,23.

Segundo o Primeiro Testamento, Elias foi um profeta itinerante, protagonista de muitos feitos solenes. Mas nada sabemos sobre sua família. Da mesma forma, João também se apresenta, no relato de Marcos, como um homem sem morada e sem vínculos familiares. Lucas, no seu evangelho, o apresenta como filho primogênito do sacerdote já ancião chamado Zacarias (Lc 1,5), identificando expressamente a sua missão com a de Elias (Lc 1,15-17). Mas nem mesmo Lucas pode nos dizer nada sobre a família que João pode ter constituído. Mesmo assim, o detalhe que ele nos oferece é precioso, porque nos apresenta-o como sacerdote. Ainda que a ligação parental entre Jesus e João, tecida por Lucas em seu relato, pareça historicamente pouco fiável, o fato de João Batista ser de linhagem sacerdotal parece bastante fiável. Não é por acaso que ele desempenha um rito religioso perto do Rio Jordão.

Chegou, portanto, o momento de compreender o que a sociedade religiosa e patriarcal da época esperava de João, filho primogênito de um sacerdote idoso.

OS PILARES SOCIAIS DO PATRIARCADO

Se quiséssemos resumir a ideia religiosa patriarcal com um *slogan*, poderíamos escolher um que já ouvimos: *Deus, pátria e família*. Parece que foi Giuseppe Mazzini quem formulou este lema, mas provavelmente foi Benito Mussolini quem o tornou famoso. Triste.

Pátria

Comecemos pelo fim. Vemos o valor e o sentido da pátria na autopercepção de um povo antigo como o da Bíblia. O termo "pátria", em português, traz em si o claro eco da palavra *pai*. É, na verdade, a síntese da expressão *terra dos pais*, porque os homens são os donos da terra. E são os homens que o entregam a outros homens: aos seus próprios filhos. Assim, era necessário ter descendentes, porque isso significava a possibilidade de sobreviver como entidade étnica bem-definida. Nesse horizonte, o instrumento para garantir a continuidade étnica do grupo era o casamento.

Por isso, a união conjugal encontrou na procriação o seu único horizonte de sentido. O nascimento dos filhos, principalmente os do sexo masculino, permitiu a subsistência da pátria. A pátria é feita de armas que a protegem e sobrevivem às doenças e à fome, para garantir a sobrevivência da etnia. Era, portanto, lógico encorajar os casamentos endogâmicos, ou seja, as uniões conjugais dentro do círculo parental ou do clã. Na verdade, apesar de páginas chocantes como as do Livro de Rute, os casamentos mistos foram duramente condenados em diversas páginas bíblicas (Esdras e Neemias). Nessa perspectiva fortemente procriadora, os homens incapazes de engravidar uma mulher, como os eunucos, eram rejeitados (Lv 21,17-20; Dt 23,1). Pela mesma razão, as uniões homoafetivas – ou seja, as relações amorosas entre pessoas do mesmo sexo – nem chegavam a ser cogitadas, eram impensáveis numa concepção de sexualidade orientada para a procriação.

Em suma, o povo de Israel tinha de proteger a sua sobrevivência étnica, para o bem da pátria.

Família

O segundo pilar do sistema já surgiu com a apresentação do primeiro. A família era a célula da pátria. E não nasceu necessariamente de um casamento por amor: o amor romântico, que certamente muitos já viveram ao longo da história, não foi o alicerce do casal que constituía o núcleo da família. A família era fruto de um pacto que visava à expansão étnica e, em especial, a manutenção das propriedades fundiárias. Nesse cenário, tornou-se imprescindível que a mulher chegasse ao casamento virgem e fosse fiel: era a forma de garantir o nascimento de filhos legítimos do marido. Nos tempos antigos, a descendência judaica era de fato dada através da via patrilinear, e só mais tarde foi estabelecida a linha matrilinear pela qual, ainda hoje, qualquer pessoa nascida de mãe judia é judia. É assim que a Bíblia narra sem desaprovação a união entre Salomão e as suas setecentas esposas e trezentas concubinas (1Rs 11,1-3). Essas uniões foram funcionais para a expansão do reino. Se vier uma condenação, será pela pertença étnica e religiosa das mulheres pagãs que, segundo a história bíblica, empurraram Salomão para a idolatria (1Rs 11,4-9).

O dom divino da maternidade para as mulheres consideradas estéreis (1Sm 1,11.19-20) apenas confirma a cultura difundida na antiga sociedade judaica, fundada na família numerosa e patriarcal, guardiã dos bens a transmitir às gerações futuras. Os casamentos também eram patrilocais, no sentido de que a nova unidade familiar estabelecida com o casamento passava a conviver com a família do marido, ampliando também seus limites materiais. Tudo isso permitiu garantir o patrimônio da família e, portanto, a sua subsistência e longevidade no seio do povo.

Deus

E aqui estamos no último pilar: Deus. A sociedade israelita do tempo de Jesus estava convencida de que sua estrutura patriarcal era uma expressão direta e clara da vontade de Deus. A Bíblia, de fato, baseia o imperativo da sobrevivência ética e familiar no mandamento do próprio Deus que constitui o casal como nova realidade social dentro da comunidade:

> E o ser humano exclamou: "Desta vez sim, é osso dos meus ossos e carne da minha carne! Ela será chamada 'mulher' porque foi tirada do homem". Por isso deixará o homem o pai e a mãe e se unirá à sua mulher e se tornarão uma só carne (Gn 2,23-24).

Justamente esse casal humano foi convidado explicitamente a procriar de acordo com a categoria de *bênção-descendência*:

> E Deus os abençoou e lhes disse: "Sede fecundos e multiplicai-vos, enchei a terra (Gn 1,28a).
>
> Deus abençoou Noé e os filhos, dizendo-lhes: "Sede fecundos, multiplicai-vos e povoai a terra (Gn 9,1).

A paternidade e a maternidade tornam-se assim indicadores da bênção divina.

> Os filhos são a herança do Senhor,
> o fruto do ventre é recompensa
> (Sl 127[126], 3).
>
> Tua esposa será como videira fecunda
> no interior de tua casa;
> teus filhos, como rebentos de oliveira
> ao redor de tua mesa (Sl 128[127],3).

Por outro lado, não ter filhos era considerado uma maldição, normalmente atribuída à esterilidade da mulher, como nos lembra, por exemplo, a história de Ana, esposa de Elcana, considerada incapaz de ter filhos (1Sm 1,4-8).

Ter filhos não era apenas um sinal de obediência e satisfação ao mandamento divino, mas também significava deixar seguidores nesta terra. Numa cultura bíblica que ainda não tinha desenvolvido uma crença completa na ressurreição, teoria que se estabeleceu essencialmente apenas a partir do século I a.C., os filhos eram a única possibilidade de continuidade para os homens do antigo Israel. É nesse sentido que deve ser lida a lei do levirato – do latim *levir*, que significa *cunhado* – que pedia ao irmão do homem que morreu sem deixar filhos que se casasse com a sua viúva para garantir descendência ao falecido (Dt 25,5-6). Finalmente, no tempo de Jesus, a ardente e multifacetada expectativa messiânica era um motivo adicional para dar à luz um filho, especialmente para as famílias envolvidas na promessa de um libertador, como as famílias davídicas e as famílias sacerdotais.

Resumindo, ter filhos era uma forma de honrar a Deus e ter honra diante dele. É fácil compreender como o Deus de que falamos nada mais é do que uma projeção do líder do clã, divindade tutelar do seu pequeno grupo étnico e dos seus interesses partidários. Não temos em mente o Deus universal que a Bíblia ainda delinearia como um todo, mas o Deus tribal que protege o nosso e destrói o deles.

Pátria, família e Deus

A sobrevivência étnica, a herança familiar e a honra diante de Deus foram, em suma, os principais motivos dos três pilares do sistema patriarcal. Só poderiam ser garantidos se nascessem crianças e continuassem as funções dos homens da casa. Caso contrário, a continuidade étnica, de clã e religiosa estariam em perigo.

Uma ruptura com o sistema

Diante desse cenário patriarcal, fica claro que a expectativa social de João Batista devia ser a de seguir os passos do pai, ampliando a família. É, portanto, muito interessante notar que João, que aparece em cena como o primeiro personagem a preparar a entrada do protagonista, é um homem em aberta controvérsia com o sistema religioso e social de sua época. Na verdade, João foge abertamente à tarefa de garantir a honra da sua casa quando se recusa a assumir as vestes sacerdotais e a oficiar no Templo. Na verdade, João se encontra no deserto, perto do Jordão, a oficiar um rito penitencial, na esteira de grupos de reforma do sacerdócio, como os essênios, sacerdotes que se autoexilaram no deserto com a elite sacerdotal fixada no Templo. Aliás, se não podemos excluir que o Batista tenha feito parte do grupo essênio de Qumran, também não temos condição de afirmá-lo, sabemos apenas que, quando o relato de Marcos começa, João já havia rompido com qualquer outra filiação religiosa. Ele era um mestre itinerante com muitos seguidores. João também contesta seu dever de proteger o patrimônio familiar ao optar por não se casar e não ter descendentes. Ele quebra assim outro imperativo da sociedade patriarcal do seu tempo. Seu estilo de vida é definitivamente incompatível com a criação de uma família patrilocal. E, dessa forma, também nega a possibilidade de contribuir para a sobrevivência do seu próprio povo. Essa rebelião deve ter gerado um conflito intracomunitário muito duro.

Para quem lê o Evangelho, é chocante notar que a sua rebelião é apresentada como uma resposta a um apelo divino: o Batista tem um grande número de seguidores que o reconhecem como enviado de Deus. E, de maneira determinante, o rosto de Jesus destaca-se entre os da multidão.

> Naqueles dias, Jesus veio de Nazaré da Galileia e foi batizado por João no Jordão (Mc 1,9).

Ao ser batizado com os outros, Jesus confirma claramente que reconhece a autoridade moral, espiritual e religiosa do Batista e que valoriza suas escolhas básicas. Na verdade, sabemos inclusive que Jesus o acompanhou durante certo período. Dessa forma, antes mesmo de ver Jesus aparecer no horizonte, os leitores de Marcos já sentem que o tradicional cenário patriarcal está em crise. E isso faz parte da boa notícia de Jesus.

UMA RUPTURA CONFIRMADA

Para refletir sobre esse aspecto de ruptura com o contexto clânico patriarcal, levamos também em consideração outros dois textos, desta vez diretamente ligados às escolhas de Jesus. Trata-se do primeiro chamado contado no relato de Marcos e a escolha feita por Jesus dos Doze.

Chamado a partir (Mc 1,16-20)

> Enquanto caminhava ao longo do mar da Galileia, Jesus viu Simão e André, seu irmão, lançando a rede ao mar, pois eram pescadores. E Jesus lhes disse: "Vinde comigo, e eu farei de vós pescadores de gente". Deixando imediatamente as redes, eles o seguiram. Indo um pouco mais adiante, viu Tiago filho de Zebedeu e João, seu irmão, consertando as redes no barco. Ele os chamou. E eles deixaram o pai, Zebedeu, no barco com os empregados e partiram, seguindo Jesus (Mc 1,16-20).

Desse famoso e comentado texto, captaremos apenas um aspecto particular, relativo à forma como Jesus se distancia das expectativas sociais. Enquanto chama para seu seguimento, Jesus pede a esses quatro homens que deixem algo. Simão e André largam as redes. Tiago e João deixam o pai com os trabalhadores no barco, que é praticamente o negócio da família. Ambos os movimentos expressam um distanciamento do papel social imposto pelos familiares e círculos sociais. Dessa forma, Jesus nos chama a desconsiderar as expectativas da cultura patriarcal que pedia continuidade de trabalho. Da parte dos discípulos de Jesus não há controvérsia aberta com a sociedade da época. Pelo menos ainda não. Eles o seguem para descobrir sua proposta. E sabemos que, diferentemente da prática partilhada, Jesus não tinha um espaço específico para formar seus discípulos, mas ensinava em espírito de itinerância (Jo 1,38-39). Também esta é uma escolha desestabilizadora da estrutura sedentária, necessária à criação de uma família e, portanto, à subsistência do povo.

Os Doze sem parentesco (Mc 3,13-19)

Outro texto particularmente interessante para refletir sobre o nosso tema é a escolha dos Doze, sobre o qual faremos uma consideração que normalmente passa despercebida.

> Depois subiu ao monte e chamou os que Ele quis. E foram ter com Ele. Escolheu doze entre eles para ficarem em sua companhia e para enviá-los a pregar, com o poder de expulsar os demônios. Escolheu estes doze: Simão, a quem deu o nome de Pedro, Tiago filho de Zebedeu, e João, seu irmão, aos quais deu o nome de Boanerges, que quer dizer filhos do trovão; André, Filipe, Bartolomeu, Mateus, Tomé, Tiago filho de Alfeu, Tadeu, Simão o Zelote e Judas Iscariotes, que o traiu (Mc 3,13-19).

O relato de Marcos já apresentou vários chamados feitos por Jesus, não os únicos que Ele fez, mas exemplos de um processo vocacional que Ele implementou para constituir o seu próprio grupo de discípulos, composto, como sabemos, tanto por homens quanto por mulheres (Mc 15,40-41). A certa altura, Jesus decide dar forma a esse grupo de discípulos. Porém, não uma forma qualquer, e sim uma forma polêmica. Na verdade, ele identifica doze homens com a clara intenção de suplantar aquele sistema social e religioso fundado em outros doze homens, todos ligados por algum parentesco, como descendentes diretos do patriarca Jacó. Foi deles que nasceram as doze tribos que tradicionalmente constituíam Israel como povo. Os primeiros doze foram a base étnica e tribal do povo. Os Doze chamados por Jesus, não. Com efeito, ao chamar para junto de si outros doze homens, agora sem parentesco ou particularmente bem adaptados à sociedade, Jesus convida os seus seguidores a perceberem-se numa nova proposta religiosa e, portanto, social. A sociedade era, de fato, fundada em princípios religiosos. Cai o critério parental: os Doze não encarnam o ideal de um grupo baseado em parâmetros étnicos. Nem representam uma hierarquia interna dentro da comunidade originária. Pelo contrário, são o símbolo de um novo paradigma relacional, desligado da lógica patriarcal prevalecente. Escolhê-los significa contrariar a lógica parental necessária ao ideal da pátria.

Expectativas não cumpridas

A sociedade patriarcal é um sistema simples, constituído por um mecanismo linear e fácil de controlar. O seu ponto forte é a simplificação até a banalização, a única capaz de garantir o controle. Nesse sistema, cada um tem o seu lugar preciso, preparado e garantido pela continuidade imóvel. Num sentido religioso, esse lugar claro e controlável é voluntariamente definido, em linguagem religiosa, como *vocação*. Com esse termo, o contexto patriarcal compreendeu o papel social fixo e imutável que Deus teria preparado para cada ser humano. No grande tabuleiro da Igreja e da sociedade, cada um precisava encontrar seu lugar, exatamente aquele que Deus preparou para cada um. E ali se deveria ficar, repetindo gestos e estilo. A criatividade, a inovação, a experimentação e a condição de alternativo eram dimensões desencorajadas, desaprovadas e suspeitadas. Sabemos que a vocação, assim entendida, simplesmente não existe. Não existe um roteiro preparado por uma divindade onisciente que regule externamente nossas escolhas. Em vez disso, existe a necessidade de nos humanizarmos, crescendo e fazendo escolhas que nos permitam expressar plenamente o nosso potencial vital e amoroso, tornando-nos cada vez mais autenticamente nós mesmos e, portanto, uma expressão da eterna criatividade divina. A vocação deverá então tornar-se o nome religioso da nossa busca pela plenitude a ser alcançada com escolhas diárias que confirmem a nossa humanidade e a tornem cada vez mais aberta e saudável.

Nessa busca por nós mesmos e por nós mesmas, não precisamos encontrar inimigos para descobrir quem somos. Isso é um pouco parecido com o que sugere o horizonte patriarcal, quando incentiva a defesa exclusivista da pátria. O amor *pátrio* parecia um ideal romântico de outros tempos. Hoje regressa sob a forma de discriminação contra aqueles que não fazem parte do próprio grupo étnico. No plano político, assume a forma de um certo nacionalismo extremo: defendem-se as fronteiras nacionais, rejeitando os refugiados da guerra e da pobreza, e acolhendo aqueles que são mais semelhantes a nós e menos nos desorientam; protegem-se os usos que perderam sentido até mesmo para a própria cultura. No nível relacional, implementamos a lógica discriminatória e de rejeição com a rejeição sutil ou flagrante daqueles que não têm a nossa cultura e a nossa língua. Muitas vezes, com piadas irônicas, com pouco interesse em entender os costumes, pensamentos e religião alheios... O patriarcado também se expressa desta forma, rejeitando a contaminação e, na verdade, vendo-a como um grave perigo para a sobrevivência étnica e cultural.

Ora, para ser sincero, *Deus, pátria e família* não parece ser o lema preferido de Jesus: na verdade, a forma de compreender a pátria e a família, implícita na lógica patriarcal prevalecente, distorce a verdadeira face de Deus, desfigurando-o como se Ele fosse uma divindade tribal ou uma bandeira do pequeno interesse partidário de alguém. O Evangelho de Marcos, desde a sua abertura, traz à baila aquele sistema patriarcal que pretende nivelar as pessoas, transformando-as em peões num tabuleiro de xadrez social, funcional à manutenção de valores inegociáveis e não da vida concreta.

O Evangelho se coloca numa lógica de descontinuidade libertadora, que abre novas perspectivas relacionais. São justamente a criatividade, a experimentação e seu caráter contagiante que permitem encontrar o seu próprio lugar. E aqui não se trata daquele lugar preestabelecido por uma divindade organizadora da realidade, mas sim o que nos realiza como pessoas, na lógica amorosa e vital de um Deus que só quer a nossa felicidade. Nessa lógica, podemos transformar os eixos dos pilares patriarcais: mais do que a sobrevivência étnica, cuidaremos da sobrevivência da nossa humanidade pessoal; em vez do patrimônio econômico familiar, protegeremos o nosso patrimônio espiritual e emocional; e, em vez de honrarmos abstrata e inutilmente um inexistente deus tribal, honraremos a vida que flui do coração do Deus vivo.

Além das expectativas familiares

Os pais no contexto patriarcal

Como vimos, a família representa um pilar fundamental do sistema patriarcal. Contudo, não se trata da família como lugar de afeto mútuo, mas entendida na sua dimensão funcional ao sistema: a família como espaço de procriação que garante à pátria a sua subsistência étnica; família como defesa de uma herança que passa de pai para filho, de homem para homem; a família como espaço de proteção da honra com opções de continuidade fáceis de regular e controlar.

Para garantir a subsistência étnica, patrimonial e respeitável da família, a Bíblia reconhece um papel central para os cônjuges como genitores. O pai e a mãe são reconhecidos como autoridades, embora com papéis diferentes. A tradição bíblica relata a ordem de honrá-los em dois pontos-chave da Torá. Exatamente, na lista do Decálogo que Deus deu a Moisés no Monte Sinai. Conhecemos esse texto como os *Dez Mandamentos*.

> Honra teu pai e tua mãe, para que vivas longos anos na terra que o SENHOR teu Deus te dá (Ex 20,12).
>
> Honra teu pai e tua mãe, como o SENHOR teu Deus te mandou, para que vivas longos anos e sejas feliz na terra que o SENHOR teu Deus te dá (Dt 5,16).

Em ambos os casos, o verbo que traduzimos como *honra* é *kabèr*. Na sua forma intensiva, na verdade significa dar honra. Mas, sua raiz está ligada ao significado de *peso*. Poderíamos, portanto, interpretar honrar no sentido de *dar peso a algo ou alguém*. Esse é um verbo que muitas vezes na Bíblia se refere a uma obrigação para com Deus e pode ser encontrado em vários textos, como se pode verificar nos seguintes exemplos:

> Eu honro os que me honram (1Sm 2,30b).

Ou também:

> Não me ofereceste em holocausto tuas ovelhas nem me honraste com teus sacrifícios. Tampouco eu te importunei a propósito de oblações nem te incomodei com exigências de incenso (Is 43,23)

E, num texto sapiencial:

> Honra o SENHOR com tuas riquezas, com as primícias dos teus rendimentos (Pr 3,9).

A honra devida aos pais era percebida como uma continuação daquela devida a Deus, quase como se fosse uma extensão natural dela. É o historiador judeu Flávio Josefo quem explica essa conexão, fornecendo também sua própria explicação claramente original:

> O respeito pelos pais vem imediatamente após a consideração por Deus e quem não demonstra gratidão pelos seus benefícios e falha em qualquer coisa para com eles é apedrejado. Os jovens devem respeitar os anciãos – diz a Lei – porque Deus é a máxima vetustez (*Contra Apião*, II, 206).

Essa ligação simbólica acabou investindo pais e mães de uma autoridade imponente, praticamente de origem divina. Então é necessário estabelecer o que se entende por *honra*. Num contexto patriarcal, é muitas vezes entendida como uma obediência voluntária e dócil aos desejos e total adesão às expectativas dos genitores. Na verdade, é precisamente a obediência aos pedidos – explícitos ou implícitos – dos pais que permite ao sistema sobreviver e perpetuar-se. Se um filho ou uma filha não se alinhar com a vontade da autoridade parental, deixam de estar garantidos a ordem e o funcionamento do sistema social.

EXPECTATIVAS NÃO CUMPRIDAS (MC 3,20-35)

Inicialmente, convém esclarecer um conceito que talvez não nos pareça óbvio: Marcos não é fã da família, em geral. Digo isso em um sentido narrativo. Ou seja, ao longo de seu relato, ele não demonstra nenhum interesse pela família de Jesus. Para ser claro, ele não tem nenhuma história explicitamente dedicada ao contexto familiar em que Jesus nasceu. Ao contrário da impressão que temos ao ler os relatos de Mateus e Lucas, que dedicam os três primeiros capítulos de seus respectivos evangelhos às origens familiares de Jesus, quem abre a história de Marcos imediatamente se depara com um Jesus adulto que vem da Galileia para ser batizado pelo desgrenhado sacerdote do deserto João. Mas, apesar desse significativo vazio narrativo, Marcos não ignora completamente a família de Jesus. Oferece-nos, aliás, uma visão da relação entre Jesus e a sua família. Tenhamos em mente que esse corte transversal vai de encontro às nossas melhores expectativas. Mas parece que satisfazer as expectativas não era o ponto forte de Jesus.

O relato de Marcos mostra-nos Jesus que, depois da prisão de João Batista, deixa o Jordão para empreender uma viagem missionária pessoal. Nela Ele logo envolve outras pessoas e com elas se desloca pelos caminhos da Galileia, sua terra natal, como nos havia informado Mc 1,9 (*Jesus de Nazaré da Galileia*). Justamente enquanto percorria as aldeias da Galileia, Jesus foi alcançado pela sua família.

> Em seguida Jesus voltou para casa. Ajuntou-se de novo tanta gente que não podiam nem comer. Quando os seus parentes souberam disso, saíram para agarrá-lo, pois diziam: "Ele está fora de si" (Mc 3,20-21).

Eu começaria chamando atenção para o fato de o cenário da história ser uma casa. Nada mais evocativo da intimidade e da união familiar. E nada mais irônico, à luz do que nos é dito. Na verdade, o texto narra uma irrupção da família de Jesus em cena, preocupada com o ritmo desorganizado desse filho que rompe com as regras. Jesus e o seu grupo de discípulos são, de fato, retratados como tão ocupados que não têm tempo para comer nem um bocado, como se poderia traduzir a frase do Evangelho. Afinal, o que poderia assustar mais uma mãe do que saber que seu filho não está comendo? Brincadeiras à parte, essa parece ter sido a gota d'água para fazer transbordar o descontentamento com as escolhas de Jesus. Um homem já maduro, que deixa sua aldeia e seu trabalho para se tornar um pregador itinerante, não é o sonho de nenhuma família patriarcal e patrilocal.

Sabemos pouquíssimo sobre a vida de Jesus antes do início da sua itinerância profética, mas podemos facilmente imaginar como as suas escolhas como adulto decepcionaram as expectativas da família. Jesus, tal como João Batista, não é apresentado com uma família própria e parece ter rompido com a sua vida anterior, vivida em Nazaré, onde teria tocado a carpintaria que, segundo Mateus, já era de seu pai (Mt 13,55).

O caminho percorrido foi inusitado e perigoso para o contexto social da época. A notícia da prisão de João Batista deve ter despertado consternação e preocupação entre os familiares de Jesus quanto ao destino desse filho inquieto. O fato de Ele não conseguir mais nem mesmo comer confirma a ideia de que todos em sua casa em Nazaré deviam estar assustados: Jesus havia enlouquecido. Este é exatamente o significado da expressão grega *exèste*, traduzida no nosso texto brasileiro como "Ele está fora de si". Jesus está de fato fora: fora das expectativas que os seus familiares, fortalecidos pelo mandamento bíblico de honrar os seus pais, têm sobre Ele.

Os familiares chegam, portanto, a Jesus com uma intenção clara: retomar o controle sobre ele, detê-lo. Esse é o significado do verbo *kratéo*, aqui utilizado. O verbo indica um aperto firme, como aquele que Jesus terá quando agarrar a mão de uma pessoa a ser curada (Mc 1,31; 5,41; 9,27). Mas também significa *prisão*, como mostra o relato da prisão de João Batista (6,17), do próprio Jesus (12,12; 14,1.44.46.49) e de um jovem retratado nessa mesma cena (14,51). Jesus também usará o mesmo termo para descrever o cuidado tenaz com que os fariseus permanecem firmemente apegados às tradições humanas e, em vez disso, negligenciam os mandamentos de Deus (7,3.4.8). Em suma, no relato de Marcos esse verbo alude a uma ação de força.

A imagem delineada não dá esperança de um final feliz. Mas, para saber quem são esses parentes e o que realmente vai acontecer, é preciso esperar. Marcos, segundo um estilo típico de sua narração, nos conduz a outra situação. A estrutura desse modelo narrativo é definida como um sanduíche, pois um terceiro elemento, aparentemente diferente, é inserido entre dois elementos coerentes.

Esse terceiro elemento, no entanto, é a chave para a compreensão dos outros dois elementos. A peculiar estrutura merece consideração, porque na prática o significado mais profundo do episódio da relação entre Jesus e seus familiares, dividido em dois segmentos narrativos, é explicado exatamente pelo relato a seguir:

Também os escribas, que haviam descido de Jerusalém, diziam: "Ele está possuído de Belzebu. É pelo poder do chefe dos demônios que Ele expulsa os demônios". Então Jesus os chamou e falou-lhes em parábolas: "Como pode Satanás expulsar Satanás? Se um reino estiver dividido contra si mesmo, não pode manter-se de pé. E se uma família estiver dividida contra si mesma, não pode manter-se de pé. Se, pois, Satanás se levantou contra si mesmo e está dividido, não pode continuar de pé, mas está próximo do fim. Ninguém consegue entrar na casa de um homem forte e roubar-lhe os bens, se antes não o tiver amarrado; só então poderá saquear a sua casa. Eu vos asseguro que tudo será perdoado às pessoas, os pecados e até as blasfêmias que tiverem dito. Mas quem blasfemar contra o Espírito Santo jamais será perdoado, será réu de um pecado eterno". Falou assim porque diziam que Ele estava possuído de espírito impuro (Mc 3,22-30).

Interrompendo a cena da parentela preocupada, Marcos nos mostra uma disputa entre Jesus e os escribas. Como sabemos, os escribas são os conhecedores experientes das Escrituras, que também mostram uma autoridade teológica incompleta: a sua competência é menos convincente do que a de Jesus, como Marcos nos mostra alhures.

Agora, esses escribas acusam Jesus de atuar em nome de Belzebu, ou seja, o maligno. O título Belzebu parece provir da corrupção da expressão hebraica *baal zebub*, que significa literalmente: *o senhor das moscas*. Em suma, é uma forma irônica e caricatural de falar do príncipe dos espíritos malignos, visto que as moscas são atraídas pelo esterco e assim são considerados os ídolos.

A argumentação de Jesus, diante da acusação de se mover entre as fileiras do maligno, é simples:

> Como pode Satanás expulsar Satanás? Se um reino estiver dividido contra si mesmo, não pode manter-se de pé (Mc 3, 23-24).

Se ele fosse uma expressão de Satanás – outro nome bíblico para o maligno – não teria libertado as pessoas das doenças, na época consideradas expressões do mal e manifestações do próprio maligno. E então o seu argumento continua com uma frase interessantíssima para a nossa reflexão:

> E se uma casa estiver dividida contra si mesma, não pode manter-se de pé (Mc 3,25).

Existe uma conexão argumentativa entre reino e lar. Mas não nos pode escapar que, numa *casa*, os da sua *casa* o procuram para levá-lo de volta *para casa*, porque Ele foi além das expectativas da *casa* (no caso, seu clã?). Acreditar que Jesus tem um espírito impuro e, portanto, está diametralmente distante da vontade divina, é uma blasfêmia imperdoável. Blasfêmia é a negação violenta da identidade de Deus. Negar que Jesus seja expressão de Deus é blasfêmia. E é imperdoável porque quem a comete não se retrata e, portanto, permanece separado de Deus. Essa acusação de pecado imperdoável, colocada por Marcos no meio das duas cenas relativas à família de Jesus, é portanto a chave para compreender algo sobre seus familiares. Sigamos então o resto da história.

> Chegaram sua mãe e seus irmãos. Eles ficaram do lado de fora e mandaram chamá-lo. A multidão estava sentada em volta dele, quando lhe disseram: "Tua mãe, teus irmãos e tuas irmãs estão lá fora e te procuram". Ele perguntou: "Quem é minha mãe e meus irmãos?" E passando os olhos pelos que estavam sentados à sua volta, Jesus disse: "Eis aqui minha mãe e meus irmãos. Aquele que fizer a vontade de Deus, esse é meu irmão, minha irmã e minha mãe" (Mc 3,31-35).

Com uma certa surpresa, e provavelmente algum constrangimento, vemos claramente que a mãe de Jesus aparece explicitamente no grupo. Provavelmente teríamos preferido que a parentela de Jesus se opusesse às escolhas dele, que foi em grupo levá-lo para casa à força, tivesse sido liderada por sua mãe. Mas é isso. Deveríamos nos perguntar se não cultivamos também um estereótipo mariano. A ausência do pai de Jesus no lugar é um indício de que, no momento dos acontecimentos, ele provavelmente já estaria: era o chefe da família quem deveria presidir tal expedição e certamente não uma mulher. Os irmãos e irmãs de Jesus, liderados por sua mãe, partem então para recuperar o *fugitivo*. No entanto, Marcos não poupa a sua ironia velada: os familiares pensaram que Jesus estivesse *fora de si* enquanto a sua mãe, irmãos e irmãs são descritos duas vezes como *os que ficaram do lado de fora* (Mc 3,31.32: *èxô*). Jesus está fora das suas expectativas, mas eles são deixados de fora da capacidade de compreender quem Ele realmente é. Como de fato observamos, Marcos indica o sentido e o alcance do conflito entre Jesus e a sua família (Mc 3,20-21 e 3,31-35: elementos externos da construção narrativa) por meio do episódio narrado no centro (Mc 3,22-34). Dessa forma, os parentes de Jesus se relacionam com os seus adversários. Na prática, Marcos está dizendo que tanto as autoridades religiosas quanto a família são incapazes de compreender a proposta teológica de Jesus, a sua ideia de Deus: as expectativas sociais das primeiras e as expectativas familiares das últimas obscurecem a sua visão.

Em particular, a família de Jesus parece fechada à ideia de que um homem saudável possa optar por não constituir a sua própria família, ter filhos e perpetuar o bom nome familiar perante o povo e perante Deus. Jesus prefere cercar-se de companhias das quais a sociedade patriarcal desconfia porque escapam à compulsiva necessidade de classificação e controle. São pessoas marcadas por doenças mentais, como o endemoninhado de Mc 1,23, e enfermidades físicas, como o leproso de Mc 1,40. A doença era considerada uma forma de impureza que afastava de Deus. A contaminação, da qual falamos como temida no âmbito nacionalista, era ainda mais evitada no âmbito da saúde.

Jesus também se recusa a considerar o tempo como rigidamente bipartido na alternância entre atividade e descanso: reza quando os outros dormem (Mc 1,35) e prega enquanto os outros comem (3,20). A sua liberdade, face aos costumes partilhados por todos, chega a contestar a distinção entre tempo profano e tempo sagrado, como o demonstram as muitas vezes em que quebra o descanso sabático (1,21.29; 2,23). Por fim, nessa mesma linha, pela forma como disputa com os escribas (2,6.16.18; 3,22) e os fariseus (2,16.18.24), Jesus contesta a autoridade religiosa estabelecida, considerada por todos como legitimamente instituída pelo próprio Deus. Dessa forma, Ele se coloca em grave perigo, como demonstra claramente a prisão de João Batista e o plano de condenar Jesus à morte traçado pelos fariseus e herodianos, adversários históricos unidos numa conspiração contra o inimigo comum (3,6).

Indiferente aos motivos da família, Jesus ignora a expedição dos parentes e rejeita qualquer tentativa de levá-lo para casa. Ao fazer isso, Ele contesta radicalmente o sistema social e religioso do seu tempo, baseado na família como espaço constitutivo de pertença de um povo profundamente ligado por laços étnicos e religiosos. Essa dura reação deve ter tido o efeito de um tapa na cara. Jesus prefere ser ele mesmo. Escolha difícil de aceitar, mas que a mãe evidentemente soube elaborar, visto que, como nos informam os outros evangelhos, Maria entrou posteriormente no movimento do filho como sua discípula, a ponto de se tornar parte ativa da Igreja nascente. Quem lê a história fica com a suspeita de que Jesus, o que teologicamente é ainda mais desagradável para as pessoas do seu tempo, parece ignorar o preceito divino de honrar os pais.

Expectativas cumpridas (Mc 6,18-29)

O relato de Marcos, além de um Jesus que desconsidera as expectativas da família, mostra alguém que as cumpre perfeitamente. Ela é uma mulher e sua história se situa no contexto da pregação de João Batista. Marcos apresenta sua prisão muito cedo (Mc 1,14), mas espera o sexto capítulo para esclarecer o motivo e revelar o epílogo do assunto.

A razão da captura de João Batista é facilmente declarada:

> É que Herodes tinha mandado prender João e metê-lo acorrentado na cadeia, por causa de Herodíades, mulher de seu irmão Filipe, com a qual se tinha casado. Com efeito, João dizia a Herodes: "Não te é permitido viver com a mulher de teu irmão" (Mc 6,17-18).

O protagonista da história é Herodes Antipas, um dos três filhos de Herodes o Grande, herdeiros do reino de seu pai. Antipas, soberano da Galileia e da Pereia, casou-se primeiro com a filha do rei nabateu Aretas IV, a quem repudiou para se casar com Herodíades, ex-mulher de seu irmão Filipe. João Batista condenou essa conduta, denunciando o rei como transgressor do mandamento de não cobiçar a mulher do próximo (Ex 20,17) e culpado de ter se casado com a mulher do seu próprio irmão (Lv 20,21). A história também é conhecida por Flávio Josefo que, em seus relatos históricos, declara a culpa de Antipas em relação ao seu casamento com Herodíades. Provavelmente houve também um perigo político que João Batista percebeu na escolha de Antipas. Ao repudiar a filha do rei nabateu para se casar com Herodíades, Antipas desencadeou um incidente diplomático que logo levou a uma guerra que custou caro aos judeus, visto que foram os nabateus que a venceram. João condenou, portanto, a ação de Antipas também pelas suas implicações sociais: que a guerra, nascida de um capricho do rei, seria mais uma vez paga pelos pobres.

Aparentemente, porém, embora João estivesse na prisão, Herodes não tinha intenção de agir contra ele.

> Chegou um dia oportuno, quando, por ocasião de seu aniversário, Herodes ofereceu um banquete aos grandes de sua corte, aos comandantes e pessoas ilustres da Galileia. A filha de Herodíades entrou e se pôs a dançar, agradando ao rei e aos convidados. Herodes disse à moça: "Pede-me o que quiseres e eu te darei". E lhe jurou: "Tudo que me pedires eu te darei, ainda que seja a metade de meu reino". Ela saiu e foi perguntar à mãe: "O que é que eu peço?" Esta lhe respondeu: "A cabeça de João Batista". Ela voltou apressadamente à presença do rei e fez o pedido: "Quero que me dês agora mesmo, numa bandeja, a cabeça de João Batista" (Mc 6,21-25).

Seguindo as informações oferecidas por Flávio Josefo, esse episódio dramático ocorreu na fortaleza de Maqueronte, na Pereia. E é por essa razão que Marcos sublinha como vieram da Galileia os notáveis convivas do banquete. Mas é a única pista que o Evangelho nos oferece sobre o cenário. De resto, limita-se a colocá-lo numa festa de aniversário, acontecimento relacionado com o contexto emocional familiar. Mais uma vez, Marcos brinca com os cenários da história, criando um efeito dissonante entre uma festa de família e as coisas macabras que sucedem nesse ambiente.

À medida que prosseguimos na leitura, percebemos que, além dos ilustres convidados, estão presentes as mulheres da casa: Herodíades e sua filha. É Mateus quem nos revela o nome da menina: é Salomé (Mt 14,3-11), filha de Filipe. Agora, essa jovem, perante a disponibilidade que lhe é demonstrada pelo seu padrasto e tio, Antipas, exageradamente generoso pela presença de convidados ilustres, decide honrar a sua mãe obedecendo-lhe. E é essa obediência que causa a morte violenta de uma pessoa justa. Quem lê o relato fica sem palavras, pensando que Salomé poderia ter pedido metade do reino familiar, emancipando-se do controle parental. E teria assim se eximido da responsabilidade de deixar morrer o profeta que condenara a união conjugal entre a sua mãe e o seu tio Antipas, no interesse do seu próprio pai. A jovem, em vez disso, opta por obedecer cegamente à mãe. E sua mãe pede que ela renuncie ao poder e à honra de seu pai. E ela obedece *banalmente*.

> O rei ficou triste, mas não quis deixar de atendê-la por causa do juramento e dos convidados. Sem tardar, mandou um carrasco com a ordem de trazer a cabeça de João. Ele foi e degolou João na cadeia. Depois trouxe a cabeça numa bandeja e a deu à moça, que a entregou à mãe (Mc 6,26-28).

A festa de aniversário vira um funeral, e a bandeja, em vez de ser recheada de guloseimas para o banquete, torna-se o recipiente da cabeça decepada de um homem justo. Nessa cruel história, emerge o fracasso de duas figuras parentais: uma mãe enfurecida no seu ressentimento contra João Batista (Mc 6,19) e um pai que mostra como as aparências são mais importantes do que os valores (6,26). Mas emerge também a incoerência da obediência cega por parte de uma filha, vítima da leitura imobilista e patriarcal da ordem de honrar o pai e a mãe.

JESUS E HONRA DEVIDA AOS PAIS (7,9-13)

Resta agora a questão de saber se Jesus, ao fugir às exigências da sua mãe, realmente desrespeitou o mandamento divino de honrar os seus pais. Para procurar uma resposta, comecemos por sublinhar que Jesus mostra que conhece perfeitamente o mandamento da honra aos pais, precisamente numa disputa teológica com escribas e fariseus.

> E Jesus acrescentou: "Na verdade, anulais o mandamento de Deus para firmar a vossa tradição. Pois Moisés disse: 'Honra teu pai e tua mãe' e 'aquele que amaldiçoar o pai ou a mãe seja morto'. Mas vós dizeis: 'Se alguém disser ao pai ou à mãe: tudo com que poderia ajudar-te é Corban, isto é, oferta a Deus', já não o deixais fazer coisa alguma em favor do pai ou da mãe. Anulais assim a palavra de Deus com a vossa própria tradição; e coisas como estas fazeis muitas" (Mc 7,9-13).

Jesus apela ao mandamento divino de Ex 20,12 e, citando inclusive a pena de morte prevista para quem o desobedece (Ex 21,17; Lv 20,9), sublinha a sua importância. Ele voltará a citar o mesmo texto bíblico em outro episódio, em diálogo com um homem que lhe pergunta sobre a vida eterna:

Conheces os mandamentos: Não matarás, não cometerás adultério, não furtarás, não darás testemunho falso, não prejudicarás ninguém, honra pai e mãe" (Mc 10,19).

Na disputa com os escribas e fariseus, relatada no capítulo sétimo, Jesus não só mostra que conhece o mandamento divino, mas demonstra que o considera mais importante e vinculativo do que qualquer interpretação teológica. Na verdade, os seus oponentes referem-se ao que se tornarão as 613 *mitsvot*, regras desenvolvidas em torno da Torá. Jesus, por outro lado, refere-se diretamente à Torá, indo ao cerne de suas palavras e indicando o significado de suas diretrizes. E esclarece como os escribas e fariseus desconsideram a Lei de Deus e traem o seu significado recorrendo a inúmeros subterfúgios. Com efeito, declaram querer consagrar um bem apenas a Deus, para evitar destina-lo à proteção dos seus próprios genitores anciãos. O termo *korbàn* (*qorebân*) indica de fato "aquilo que é aproximado de Deus", isto é, dedicado exclusivamente a Ele. Dessa forma, os bens pessoais dos filhos adultos não poderiam mais ser investidos no cuidado dos pais idosos. Com mais subterfúgios, esses bens retornaram ou permaneceram para uso próprio.

Jesus, portanto, não ignora a importância de honrar os pais. Longe disso: capta todo o significado desse mandamento. Honrar os pais não significa obedecer cegamente de forma imobilizante em posições já conhecidas, no cumprimento das expectativas familiares, mas comporta a dimensão relacional de proteção mútua e de custódia da vida dos outros. Se os filhos e filhas adultos devem cuidar dos seus pais com amor e dedicação, os pais devem respeitar a liberdade dos seus filhos e filhas, permitindo-lhes ser o que sentem profundamente ser verdadeiro e gratificante para a própria vida. Na verdade, os pais devem encorajar os filhos a fazê-lo. Nessa mesma linha, quando Jesus escapa às expectativas de imobilidade no recinto familiar, não está ofendendo os seus pais. Ele os está honrando. E isso porque, ao continuar a percorrer o caminho escolhido, Ele se realiza autenticamente como homem diante de Deus: só a felicidade de um filho ou de uma filha honra verdadeiramente os seus pais.

ALÉM DAS EXPECTATIVAS

O contexto patriarcal se funda em papéis claros e fixos. Já vimos isso. Nesse contexto, honrar os pais é confundido com obediência cega e acrítica. Segundo o Evangelho, essa escolha imobilista não parece bem-sucedida, simplesmente porque trai o mais profundo e verdadeiro sentido de honra que deve ser dado aos pais. Honrar, como mencionamos no início do discurso, significa *reconhecer um peso*. No entanto, não é um peso opressivo que pretende ser uma restrição sufocante. Reconhecer um peso na própria vida significa reconhecer um lugar no coração e um espaço nos afetos e cultivar o desejo de felicidade mútua.

Pode acontecer que também para nós a família seja um emaranhado de expectativas afetivas e emocionais que geram laços sufocantes feitos de sutis chantagens psicológicas. O Evangelho de Marcos rejeita a possibilidade de que a submissão às expectativas dos pais seja uma escolha capaz de crescer e amadurecer autenticamente. Não nascemos para satisfazer as expectativas de ninguém. Nem mesmo as de Deus, porque Deus não tem expectativas em relação a nós, mas apenas sonhos. O sonho é um horizonte de realização no qual se pode crescer investindo totalmente a imaginação, a vontade e a tenacidade. O sonho de Deus é a nossa humanização completa, a ser realizada cultivando relacionamentos capazes de nos fazer ser no amor tudo o que podemos ser. Seremos autenticamente capazes de acompanhar o crescimento se favorecermos esse processo de amadurecimento interno, muitas vezes expresso com escolhas concretas em um nível existencial.

Em um nível eclesial, essa reflexão sobre o modo renovado de pensar a honra a ser dada aos pais pode talvez levar-nos à necessidade de entrar numa lógica transgressora no que diz respeito à "fé de nossos pais". A transgressão aqui deve ser entendida como capacidade de ir além. A partir das intuições recebidas, agradecendo o testemunho dado, precisamos aprender a encontrar o nosso próprio caminho teológico, sem necessariamente emular palavras, gestos e ritos do passado. É nessa linha que se situa a reflexão da teologia pós-teológica, apresentada por mim em diversas publicações a que me refiro[1].

---

1. Em particular, podem ser úteis os meus trabalhos: Corallo (2021a; 2021b).

Além da rigidez dos papéis de gênero

Papéis de gênero no patriarcado

O patriarcado, como dissemos, é um sistema simplificador. Distingue a realidade de uma forma clara e básica. Isso também funciona; e, sobretudo, na relação entre homens e mulheres. A organização patriarcal da sociedade proporciona espaços bem-definidos para cada uma dessas duas categorias organizadas hierarquicamente: é o masculino que prevalece sobre o feminino. O patriarcado é de fato um sistema baseado na masculinidade hegemônica que controla a cultura e, para fazê-lo de forma eficaz, vigia os corpos e a sexualidade. Na verdade, o patriarcado é apoiado e cimentado em torno de uma ideia precisa de sexualidade, percebida e constituída em função da manutenção de uma estrutura social estável e androcêntrica. Nesse modelo, a sexualidade está integralmente voltada para a procriação e regulada por regras que visam garantir a existência de descendentes legítimos. Por isso, o patriarcado nega uma concepção de sexualidade que vá além do modelo binário masculino/feminino, que proporcione fluidez afetiva e que evite papéis de gênero estáticos.

Esse tema coloca diante de nós uma questão que, ainda hoje, suscita muito desconforto e confusão no mundo católico. Refiro-me à chamada *teoria de gênero*. É antes de tudo interessante como o nome da teoria, em várias línguas, manteve deliberadamente a redação americana (*gender theory*) como que para indicar uma realidade estrangeira e, portanto, inacessível e insidiosa. Olhando mais de perto, essa expressão imprecisa refere-se simplesmente ao rico e variado mundo da sexualidade humana.

Complexidade negada: identidade sexual

Durante muito tempo, o sexo foi confundido com a sexualidade, ignorando-se a amplitude de significados que tem na experiência humana. A sexualidade humana é o sistema global da afetividade, a nossa forma de estar no mundo como seres relacionais, de construir a nossa personalidade, de estabelecer relações com os outros. Portanto, com o termo "sexualidade" não podemos significar simplesmente o sexo, nem como um fato biológico (ser homem ou mulher), nem como um ato físico (fazer sexo). No desenvolvimento das ciências humanas, esses conceitos foram teorizados e estudados, suscitando a reação assustada do catolicismo americano ultraconservador. Fechado à reflexão científica sobre a sexualidade humana, imaginou assim uma teoria conspiratória e manipuladora interessada em desestabilizar a sociedade e a vida humana. *Gender theory*, para ser precisa.

Na realidade não temos nenhum defensor dessa suposta teoria, pelo simples fato de ela não existir. O que existe são estudos de gênero que tratam da reflexão científica sobre a sexualidade humana, definida pela combinação de quatro níveis independentes entre si. Nós os veremos e adicionaremos um quinto a eles.

Como sou: nível biológico

O primeiro nível que constitui a identidade sexual é o sexo biológico, determinado pelas características anatômicas e fisiológicas de cada pessoa. O sexo biológico é principalmente observável no nascimento devido à presença de órgãos sexuais visíveis. Somos ou homem ou mulher, do ponto de vista anatômico. E, relacionado a isso, nos é atribuído um gênero no nascimento. Apesar de sentirmos que essa diferença é óbvia, na realidade o sexo biológico nem sempre é identificável com exatidão.

Na verdade, existem pessoas cujos cromossomos sexuais, órgãos genitais e/ou características sexuais secundárias não podem ser definidos como exclusivamente masculinos ou femininos. Com um termo genérico, podemos definir pessoas *intersexuais*, mesmo que nos deparemos com uma ampla gama de situações. Essa copresença singular de características anatômicas e fisiológicas masculinas e femininas pode ser congênita ou surgir ao longo do tempo, também devido a algumas condições particulares.

A mentalidade patriarcal, com a sua mania simplista, intervém frequentemente sobre os recém-nascidos intersexuais, impondo-lhes mutilações precipitadas que os configuram anatomicamente para serem reconhecidos como homem ou mulher, de acordo com a ansiedade de definição da família e da sociedade. Assim, nega-se o tempo para o desenvolvimento psicoafetivo, com a possibilidade de encontrar-se no próprio labirinto e na autodeterminação. A sociedade patriarcal não pode tolerar a ambivalência: ela precisa definir, classificar, enquadrar.

O sexo biológico de uma pessoa não corresponde em sentido absoluto à sua identidade sexual. É um elemento dela que se deve ter em mente. Não é decidido, é aceito ou, nos casos de intersexualidade, é descoberto com o tempo. A natureza nos apresenta assim situações inesperadas, que escapam ao binarismo masculino/feminino que o patriarcado ingenuamente considera absoluto. Qualquer um que apela ao texto bíblico de Gn 1,27 – *macho e fêmea Ele os criou* – para garantir a binariedade exclusiva deturpa o seu significado. O Livro do Gênesis, como qualquer outro livro bíblico, não é um manual de ciência e anatomia. A história da criação pretende fundar a origem da espécie humana no amor incondicional e criativo de Deus, que nos torna capazes de relações variadas. O autor bíblico, para comunicar o sentido teológico desse projeto amoroso, observa a realidade de forma elementar, seguindo o seu próprio conhecimento condicionado pela cultura pré-científica e patriarcal em que vive.

A redução dos dados ontológicos – o que somos profundamente – nos dados anatômicos – ao que somos fisicamente – é, em vez disso, típica do patriarcado, e banaliza a complexidade e a riqueza daquele ser maravilhoso que Deus criou à sua imagem e semelhança. Esse é precisamente o desvio conceitual a evitar.

Como me percebo: o nível psicológico

Este nível diz respeito à percepção que cada um tem de si mesmo. É a identidade de gênero. Consiste no sentimento contínuo e persistente de ser homem ou mulher, o que se traduz na consciência profunda e geralmente irreversível de ser homem ou mulher. Essa percepção da identidade de uma pessoa pode estar de acordo com o seu sexo biológico: são homens e sentem-se homens; são mulheres e se sentem mulheres. Nesse caso estamos falando de pessoas cisgêneros ou cisgênero, do latim *cis*, que significa *deste lado*, portanto dentro do sexo biológico. No entanto, há casos de incongruência de gênero em que a pessoa não sente uma correspondência completa entre o seu sexo biológico e o seu sentido de identidade. Tais pessoas podem ser definidas como *transgêneros*, do latim *trans*, que significa *além*, ultrapassando seu sexo biológico. Mesmo sendo homens do ponto de vista biológico, não se percebem como homens: pelo contrário, sempre tiveram a profunda percepção de serem mulheres. E vice-versa: são biologicamente mulheres, mas se percebem profundamente como homens. Quando uma pessoa trans faz uma transição social que – muitas vezes, mas nem sempre – envolve uma transição somática com o auxílio de terapia hormonal ou cirurgia, ela é definida como *transexual*.

Também dessa vez não se trata de uma escolha arbitrária, ligada a alguma conveniência utilitária ou a um suposto desejo de autodeterminação. Deus os criou assim. A identidade de gênero não implica uma escolha deliberada por parte do indivíduo, mas uma descoberta vivenciada ao se relacionar com outras pessoas. Do ponto de vista científico, essa condição, após séculos de patologização ou criminalização, desde junho de 2018 finalmente deixou de ser considerada uma doença mental pela Organização Mundial da Saúde (OMS). Em vez disso, essa condição faz parte das condições de saúde mental. Ou seja: uma pessoa transexual enlouquece se não tiver permissão para se expressar de acordo com sua identidade de gênero. Esse sofrimento é denominado *disforia de gênero* e manifesta-se numa profunda dificuldade de viver a vida social nas suas áreas mais significativas.

A lógica do patriarcado não consegue compreender essa ampla gama de possibilidades e reduz a discussão de uma forma simplista: se você é homem, é homem; se é mulher, é mulher. É fácil. É óbvio. Ponto-final. Mas, na realidade, estamos diante de uma fonte de situações espirituais devastadoras que negam às pessoas transexuais o direito de serem elas mesmas e de se manifestarem à sociedade na coerência de quem são. A concepção patriarcal, pelo contrário, condena-as a viver na abnegação ou na mais vergonhosa marginalização. E esse não pode ser o desejo do Deus da vida e do amor que cria a realidade com imaginação e vivacidade, para que seja respeitada e acolhida na sua originalidade.

Por quem me apaixono: nível emocional

O mundo da sexualidade oferece outras surpresas. Além do sexo biológico e da identidade de gênero que cada um percebe de si mesmo, está o coração. No nível emocional, as pessoas se apaixonam, sentem atração erótica e desejam construir relacionamentos mais ou menos estáveis com outras pessoas. Falamos de orientação sexual ou, melhor ainda, de orientação emocional. A maioria, ao que parece, se apaixona por pessoas com identidade de gênero oposta. É o caso da condição definida como *heterossexualidade* ou *heteroafetividade*. Depois há pessoas que se apaixonam, desejam partilhar a intimidade sexual e formar e construir um casal mais ou menos estável com pessoas do seu gênero. É a orientação do coração que chamamos de *homossexualidade* ou *homoafetividade*. Sendo o mundo emocional um verdadeiro emaranhado de emoções e pulsões, é preciso dizer que também existem pessoas capazes de se apaixonar tanto por homens quanto por mulheres: são as chamadas pessoas *bissexuais* ou *biafetivas*.

Que fique claro que a orientação emocional também não é uma escolha pessoal e arbitrária. Pelo contrário, é parte integrante do modo como fomos criados por Deus e não corresponde a uma fase da vida, nem a um capricho, nem sequer a uma vontade bizarra de "experimentar coisas novas". A orientação afetiva é uma descoberta que a pessoa vivencia ao se relacionar com os outros e que só precisa aceitar para viver autenticamente a sua própria identidade. Em nível científico, desde maio de 1990, a homoafetividade deixou de ser classificada entre as doenças mentais: a OMS a define como uma variante natural do comportamento humano.

A sociedade patriarcal, na sua teimosa defesa da binaridade absoluta, recusa-se a considerar que a afetividade possa ser expressa em outras variantes do comportamento humano. E nega veementemente que possam ser definidas como naturais. Ao fazê-lo, o patriarcado gera uma situação espiritual muito dolorosa para aqueles com uma orientação emocional diferente, condenando essas pessoas a uma vida de mentiras e subterfúgios ou à repressão sistemática do seu mundo emocional real. O Deus amoroso e vital não pode querer que haja pessoas condenadas à infelicidade porque a sociedade patriarcal é incapaz de viver as suas próprias relações e de construir a sua própria família. Mesmo a falta de apoio a leis que protejam os direitos civis das pessoas homoafetivas e das famílias homoparentais não pode corresponder a um desejo de Deus.

Como me relaciono: nível social

Cada sociedade, com base na sua cultura, reconhecerá papéis e possibilidades de expressão para homens e mulheres. Esses são *papéis de gênero* que indicam o que o contexto social espera que homens e mulheres façam legalmente. Trata-se evidentemente de construções culturais e não naturais. A cultura patriarcal estabeleceu papéis de gênero funcionais para a manutenção e o controle da sua estrutura social. As atividades e os comportamentos laborais são em si neutros: foram as sociedades que, ao longo do tempo, os caracterizaram como masculinos ou femininos. Por exemplo, profissões que, no passado, eram tradicionalmente consideradas masculinas são agora também acessíveis às mulheres.

As mesmas considerações devem ser feitas em relação à expressão de gênero, ou seja, como nos vestimos e nos manifestamos na sociedade. Por exemplo, até algumas décadas atrás, o uso de calças era considerado uma prerrogativa exclusivamente masculina, enquanto a saia fazia parte de uma modalidade exclusivamente feminina. Dessa prática derivam as associações entre usar calças e mandar presentes em ditados como o italiano *"Chi porta i pantaloni in questa casa?"* ["Quem usa calças nesta casa?"], com o qual não se quer apenas saber quem é o homem, mas, num sentido mais profundo, quem manda. Na verdade, o papel do homem, associado ao vestuário reconhecido como masculino, é identificado pela sociedade patriarcal com uma tarefa gerencial. Existem contextos culturais em que se expressa uma condenação feroz ao vestuário e às expressões alternativas que escapam ao binário rígido. Tudo isso cataloga e classifica rigidamente as pessoas, sem lhes possibilitar uma expressão autêntica de seu potencial.

Normalmente, os papéis de gênero – com os seus comportamentos e expressões – são assumidos em relação à identidade de gênero de cada um. Porém, há também outra variação no vestuário, chamada de *cross-dressing*. Literalmente significa *vestir-se de maneira oposta* e identifica o hábito ou simples ato de usar, em público ou em privado, roupas que, num contexto sociocultural específico, são comumente associadas ao papel de gênero oposto ao seu. Além disso, não se deve esquecer que há pessoas que, por diversão ou por necessidade profunda, não conseguem colocar-se de forma estável e definitiva numa condição única ou socialmente reconhecida como legítima e adequada. Geralmente são definidos como *queer*, o que em inglês indica uma transgressão ou estranheza.

Como me comporto: nível moral

Podemos acrescentar um outro nível a esse quadro científico, o moral. Está relacionado à maneira como vivenciamos nossa sexualidade. E isso nada tem a ver com o sexo biológico, que é um dado puro, nem com a identidade de gênero, que apenas diz como nos sentimos, e menos ainda com a orientação afetiva, que indica a direção do nosso desejo relacional. Em nível moral, posso viver a minha sexualidade na lógica da castidade ou na lógica da perversão. Por castidade quero dizer aqui a verdade do relacionamento. Vivo um amor castamente – consensual e entre adultos – se sou fiel a você, se dou e recebo, se meu compromisso for sério e transparente. Por perversão quero dizer aqui a exploração da outra pessoa como objeto de prazer ou ganho próprio.

Como agora talvez seja mais evidente, a perversão não está ligada à identidade de gênero. Você pode ser transgênero e vivenciar relacionamentos saudáveis, respeitosos e libertadores. Ou ser cisgênero e usar seu parceiro como passatempo. A perversão nem sequer está ligada à orientação afetiva. Você pode ser uma pessoa homoafetiva e vivenciar a fidelidade em um relacionamento estável e aberto à beleza. Ou ser heteroafetivo e trair sistematicamente o parceiro. Durante demasiado tempo, no nível moral, movidos pela lógica patriarcal, concentramo-nos em aspectos periféricos. A retidão de um amor não é condicionada por gênero e orientação. É uma questão de coração, de escolhas, de gestos e de horizontes.

OS PAPÉIS DE GÊNERO E O EVANGELHO

Creio que essa introdução terminológica tenha sido necessária, embora talvez longa e certamente não exaustiva. Agora podemos concentrar-nos no relato de Marcos para captar os sinais do Evangelho libertador, também nesses aspectos citados. Naturalmente não encontraremos nesse Evangelho uma discussão completa ou mesmo parcial sobre o tema dos papéis de gênero. São conceitos temáticos que amadureceram muito mais tarde. Mas acredito que seja possível ler o capítulo 5 de Marcos em busca de indicadores que mostram intuições valiosas sobre esse tema. Nesse capítulo, de fato, Jesus encontra um homem e uma mulher feridos pelo condicionamento que a sociedade patriarcal lhes impôs. E se relaciona com eles propondo caminhos de liberdade e dignidade.

O masculino libertado (Mc 5,1-20)

O quinto capítulo do relato de Marcos se abre com um esclarecimento:

> E chegaram à outra margem, ao território dos gerasenos (Mc 5,1).

Jesus atravessa com seus seguidores o Mar da Galileia, barreira natural que separa a terra judaica da pagã. Deve-se ter em mente que, ao longo do seu evangelho, Marcos não se limita a falar de movimentos geográficos em sentido material. Seu relato tem uma forte geografia simbólica que não podemos ignorar para compreender o significado global do que ele nos conta. Explorei esse aspecto em profundidade, de uma perspectiva científica em meu estudo de doutorado (Corallo, 2019).

Portanto, quando Marcos nos fala da viagem de Jesus *para além* do Lago da Galileia, que ele chama sistemática e evocativamente de *mar*, apresenta-nos também simbolicamente um Jesus que supera as barreiras permitidas pela sociedade do seu tempo. Entrar em terras pagãs era algo desaprovado, mas Jesus não parece se importar. Com efeito, em outra ocasião até atravessará o mar a pé, caminhando sobre as suas águas (Mc 6,45-52).

> Assim que Jesus desceu do barco, um homem possesso de espírito impuro saiu do cemitério e veio-lhe ao encontro. Morava nos túmulos e nem mesmo correntes podiam segurá-lo. De fato, muitas vezes lhe tinham posto correntes e algemas, mas ele quebrava as algemas, despedaçava as correntes e ninguém tinha força para dominá-lo. Dia e noite andava entre os túmulos e pelos montes, gritando e se ferindo com pedras (Mc 5,2-5).

Jesus se depara com um homem caracterizado de forma verdadeiramente impressionante. Não só tem um espírito impuro, mas também não pertence ao contexto social, pois, em vez de viver numa casa, habita um cemitério, entre os túmulos. Os túmulos não são casas de vivos, mas de mortos, isto é, daqueles que romperam definitivamente a sua relação com o mundo dos vivos. Segundo fontes rabínicas, os cemitérios deveriam estar a pelo menos cinquenta côvados de distância da cidade – cerca de 22 metros – e não deveriam estar localizados a oeste da cidade, pois o vento normalmente vinha daquela direção: nem mesmo o ar dos túmulos deveria chegar perto dos vivos. Na verdade, os cemitérios eram lugares impuros por excelência e tornavam impuro quem por ali passava ou neles se detinha (Nm 19,16-18). Flávio Josefo especifica:

> Nossa Lei diz que quem habita esses assentamentos fica impuro por sete dias (*Antiguidades judaicas*, XVIII, 38).

Notícias semelhantes também são relatadas na legislação dos essênios. Os judeus, para terem certeza de reconhecer um túmulo e evitá-lo, pintavam-no com uma camada de cal branca. Talvez desse uso derive a expressão *sepulcros caiados* em Mt 23,27. Em suma, o homem que vive no cemitério da terra dos gerasenos está isolado de todos. Até de Deus, já que é descrito como possuído por espíritos imundos. As pessoas tentaram repetidamente algemá-lo e acorrentá-lo naquele cemitério. Evidentemente, acreditava-se que o homem fosse perigoso para os demais, mas o texto nos diz que na realidade ele só era perigoso para si mesmo, visto que praticava atos contínuos de automutilação. Provavelmente havia algo em si mesmo que ele não aceitava e queria apagar com violência.

> Vendo Jesus de longe, ele correu, caiu de joelhos diante dele e gritou em voz alta: "O que tens a ver comigo, Jesus, Filho do Deus Altíssimo? Eu te conjuro por Deus que não me atormentes". É que Jesus lhe tinha dito: "Sai deste homem, espírito impuro!" (Mc 5,6-8).

O homem faz a Jesus uma pergunta muito particular, que adquire um significado significativo à luz da nossa reflexão temática: pergunta-lhe o que os dois têm em comum. De fato, também nós podemos perguntar-nos o que tem em comum o modo de viver a própria identidade e masculinidade desse endemoninhado com o de Jesus. Jesus reage.

> Depois Jesus perguntou-lhe: "Qual é o teu nome?" Ele respondeu: "O meu nome é legião, porque somos muitos". E suplicavam a Jesus com insistência que não os expulsasse da região (Mc 5,9-10).

Jesus pergunta-lhe o seu nome. Essa pergunta parece deslocar o homem e deixá-lo à vontade. Talvez ninguém nunca lhe tivesse perguntado quem ele era, o que pensava de si mesmo. Para todos ele era apenas uma figura perigosa vagando seminu em um lugar impuro como um cemitério. Quando a sociedade se identifica com os seus grupos dominantes, atropela as identidades pessoais ao propor um modelo único, a ponto de nivelá-las, confundindo os mais frágeis. Jesus, por outro lado, reconhece o direito daquele homem à sua própria originalidade. E esse é o início do processo de libertação. O endemoninhado declara que se percebe como uma legião. A legião era a unidade militar básica do exército romano e podia incluir até seis mil homens. Esse nome, na experiência dos povos dominados pelo poder romano, evocava opressão e violência. Em suma, ele delineou o modelo patriarcal de um homem caracterizado pela violência e pela opressão. Esse é o modelo que aquele homem introjetou. E é um modelo que o confunde e atordoa profundamente. Na verdade, o nome Legião também se refere à massa disforme de experiências contrastantes e, portanto, desordenadas. A automutilação que percebemos nos diz até que ponto o homem é incapaz de assumir autenticamente esse modelo. A sociedade patriarcal espera força e determinação absolutas do homem. Mas evidentemente ele não consegue incorporar esse estereótipo e sai arrasado. Na verdade, ele tenta agir como o homem dominante que se espera que seja, mas acaba sendo uma caricatura disso: isolado, oprimido pelo seu próprio sentimento de culpa pela sua incapacidade de responder adequadamente às expectativas sociais machistas. O endemoninhado é oprimido por uma sociedade violenta que exige do homem um papel de abuso do qual ele é a primeira vítima.

Jesus, ao contrário, mostra-lhe um modo diferente de viver a masculinidade: entra em diálogo com ele, reconhece-o como pessoa. Mostra que o masculino também pode expressar outros modos relacionais. E continua a mostrar uma identidade serena e integrada quando aceita os pedidos do seu interlocutor, esperando que este esteja pronto para uma transição libertadora.

> Ora, havia por ali, pastando junto ao monte, uma grande vara de porcos. E os espíritos lhe suplicaram: "Manda-nos aos porcos, para entrarmos neles" (Mc 5,11-12).

É o endemoninhado quem escolhe o destino que seus demônios terão. Jesus se limita a deixá-los ir até a manada de porcos que ali pastava. O epílogo da Legião é caracterizado por uma forte lógica simbólica: o mar, lugar perigoso de morte, engole os demônios que se refugiam nos animais, considerados impuros na lógica bíblica. Simplificando, o modelo masculino opressor e sufocante – e portanto tóxico – está destinado a um fim miserável.

> Chegando até Jesus, viram o endemoninhado sentado, vestido e em pleno juízo, ele que antes estava possuído pela legião. E ficaram com medo. As testemunhas lhes contaram o que tinha acontecido com o endemoninhado e com os porcos. Pediram, então, a Jesus que se afastasse de sua região (Mc 5,15-17).

A ação de Jesus não é libertadora apenas para o homem que antes estava possuído por demônios. Até as pessoas que moram nas redondezas podem se sentir aliviadas: não há mais figuras sombrias no cemitério. No entanto, nem todos estão gratos por isso. Na verdade, com alguma surpresa ficamos sabendo como todos lhe pedem para ir embora. Eles não se importam se uma pessoa foi libertada de sua doença isoladora e perturbadora. Eles têm um sistema para proteger e não importa se esse sistema oprime os mais vulneráveis e tira a sua liberdade de serem eles mesmos.

> Quando Jesus entrava no barco, o homem que tinha sido endemoninhado insistiu para acompanhá-lo. Jesus não o consentiu, mas lhe disse: "Vai para tua casa, para junto dos teus e conta-lhes tudo o que o Senhor fez por ti e como se compadeceu de ti" (Mc 5,18-19).

Agora que o homem está libertado, ele pode voltar para sua casa, para sua família. Ficamos assim sabendo que há uma família esperando por ele em algum lugar. Uma família que agora poderá recebê-lo de volta, mas evidentemente apenas se for verdadeiramente capaz de reconhecer a originalidade desse homem em viver a sua própria masculinidade, para além do modelo patriarcal dominante.

O feminino libertado (Mc 5,21-43)

Continuando a ler o mesmo capítulo do relato de Marcos, encontramos Jesus lidando com duas mulheres, de idades e condições diferentes, que partilham uma situação extrema. Para indicar mais intensamente a correlação entre essas duas figuras femininas, a história entrelaça suas histórias por meio da estrutura quiástica e intercalada, que, como vimos, é cara a Marcos. Como aconteceu alhures, a história insere, entre dois elementos narrativos do mesmo episódio, um terceiro que é decisivo para a compreensão do restante.

> Depois que Jesus atravessou de barco novamente para a outra margem, uma grande multidão reuniu-se em torno dele. Ele se achava junto ao mar (Mc 5,21).

Jesus e seus discípulos cruzaram novamente o mar e retornaram à terra judaica. Lá eles se deparam com duas situações dramáticas cujas protagonistas – ou vítimas – são duas mulheres. A primeira figura feminina em séria dificuldade é a filha de Jairo, um dos líderes da sinagoga. É ele quem implora a intervenção de Jesus.

> "Minha filhinha está nas últimas. Vem impor-lhe as mãos para que se salve e viva" (Mc 5,23).

Pelas palavras de Jairo, fica claro que sua filha é uma menina pequena. Na verdade, o termo que utilizou – em grego: θυγάτριον (*thygátrion*) – indica a condição de filha menor, que ainda vive sob o controle e proteção do pai. Mas a história logo especificará que a filha de Jairo tinha doze anos (5,42): ela era, portanto, maior de idade, segundo os cânones da época. No entanto, ela é considerada uma criança inadequada para uma vida independente. Sua condição feminina é, portanto, percebida como minoria perpétua. Não é exatamente essa a morte que a ameaça?

Ao ouvir o pedido de Jairo, Jesus vai com ele ajudar sua filha. Mas, no caminho, ele se depara com outra situação dramática, que serve como elemento central da narrativa.

> Ora, havia ali uma mulher que há doze anos sofria de uma hemorragia. Ela tinha sofrido muito nas mãos de vários médicos e gastou tudo que possuía, sem nenhuma melhora. Pelo contrário, piorava cada vez mais (Mc 5,25-26).

A segunda figura feminina é marcada por outro estereótipo de gênero. Materialmente ela é atormentada por uma hemorragia imparável que dura doze anos. Mas, no contexto cultural e religioso da época, essa condição indica de forma extrema o seu estado de impureza perpétua, dado pelo seu contato constante com o sangue. Precisamente por essa razão, a Lei previa uma distância de segurança constante e excludente para as mulheres que perdessem sangue (Lv 15,25-27). Essa mulher não podia participar no culto e ninguém podia se aproximar dela. Esse dado sublinha o estado de marginalidade social a que as mulheres eram condenadas pela cultura patriarcal. Além disso, essa mulher com um ciclo completamente desregulado não consegue pensar em conceber e dar à luz. Ela, portanto, não se enquadra no horizonte do papel de gênero que lhe é previsto, uma vez que não pode ser mãe. Essa condição de isolamento é fonte de vergonha introjetada, a tal ponto que ela não se expõe diante de Jesus, mas se limita a tocar silenciosamente o seu manto (Mc 5,27).

Olhando mais de perto, essas duas figuras femininas são ameaçadas por um enfraquecimento das suas vidas, que a Bíblia chama de *estado de impureza*. A mulher está sangrando há doze anos, enquanto a menina está morrendo. Por trás delas duas, podemos, portanto, vislumbrar a condição feminina do tempo de Jesus, ainda que de maneira simbólica. Uma mulher quer libertar-se da sua vergonhosa esterilidade e a outra quer ter uma vida plena. Jesus começa por curar do tormento a enferma, deixando-se tocar, mas a viragem decisiva é dada pelo pedido para que ela mesma dê voz à sua própria experiência.

> Jesus percebeu logo que uma força havia saído dele. Então voltou-se para o povo e perguntou: "Quem tocou minhas vestes?" Os discípulos responderam: "Estás vendo a multidão que te aperta de todos os lados e perguntas: Quem me tocou?" Mas Jesus ficou olhando à sua volta para ver aquela que tinha feito isso. Sabendo o que lhe acontecera, a mulher, trêmula de medo, foi prostrar-se diante dele e contou toda a verdade (Mc 5,30-33).

Jesus a impele a tomar conta da sua história com as próprias mãos e a sair do terrível anonimato ao qual outros a relegaram, e ela mesma se deixou aprisionar. Só agora a cura é completa: não só o corpo na sua fisicalidade é curado, mas a dimensão relacional e social. Não sabemos se mais tarde aquela mulher teria filhos e, portanto, se seria capaz de reingressar com força total no contexto social. A história é interessante ao dizer que seu encontro com Jesus a libertou da vergonha de se sentir inadequada.

O relato avança e ficamos sabendo que, nesse ínterim, a filha de Jairo morreu. E, de casa, mandam avisar para ele não incomodar mais o Mestre (5,35). Mas Jesus não desiste. Supera todas as reticências e resistências do ambiente e realiza uma nova ação libertadora.

> Ele tomou o pai e a mãe e os que levava consigo, e entrou onde a criança estava deitada. Pegou-lhe a mão e disse: "*Talitá cumi*", o que quer dizer: "Menina, eu te ordeno, levanta-te!" Imediatamente a menina se levantou e se pôs a caminhar, pois tinha 12 anos (Mc 5,40-42).

Para isso, dessa vez Jesus envolve os pais da menina: o pai e a mãe são chamados a tornar-se protagonistas de um processo de emancipação de uma tutela paterna sufocante que a impede de viver plenamente. Jesus aproxima-se da menina, fala com ela, toca-a e desperta-a: diz-lhe que ela pode viver, pode exprimir-se, pode ressuscitar para uma vida nova. Esse é o sentido mais intenso do verbo grego ἐγείρω (*egéiro*), que indica despertar (4,27.38; 14,42) e ascensão (1,31; 2,9.11.12; 3,3; 9,27; 10,49), mas também a ressurreição (6,14.16; 12,26; 14,28; 16,6.14).

É aqui que o texto nos informa a sua verdadeira idade: não é uma criança, mas uma menina já adulta. E talvez essa indicação seja também um sinal da sua libertação: agora ela pode finalmente atingir a maioridade autenticamente. A casa paterna não pode mais ser o lugar do comprometimento de sua vida. A menina pode viver sem o condicionamento da rígida tutela masculina. Não sabemos o que ela fará a seguir, se vai se casar ou não. O texto só se interessa em indicar como o encontro com Jesus a liberta do perigo mortal e a torna protagonista da sua própria vida. Talvez possamos ler nessa mesma direção o último pedido de Jesus aos pais da menina:

> [...] e disse para darem de comer à menina (Mc 5,43).

Agora ela pode comer, pode crescer. Ela tem o direito de florescer, de se tornar adulta e de expandir a sua humanidade.

ALÉM DOS SUFOCANTES PAPÉIS DE GÊNERO

A sociedade da época de Jesus oferecia parâmetros rígidos, como todas as sociedades patriarcais. Um homem tinha de ser forte e até violento. A mulher deveria ser subserviente à autoridade masculina e então assumir o papel de mãe. Para o patriarcado de todos os tempos existe uma forma precisa de ser homem e de ser mulher.

Se é verdade que o patriarcado exerce pressão social sobre as mulheres, chamadas a papéis subordinados e funcionais na manutenção da estrutura social, também é verdade que impõe modelos exigentes também aos homens. Ele prescreve a estes um roteiro performático e eficiente que nem sempre encontra uma resposta realista nas pessoas individualmente. Esse custo é compensado com a garantia ao homem, enquanto homem, de alguns benefícios, no contexto patriarcal: assegura-lhe a possibilidade de se beneficiar legitimamente de um duplo padrão, de experimentar maior liberdade de expressão e maior valorização social. Os homens aprenderam bem cedo a gerir as frustrações emocionais com estratégias mais condizentes com o modelo patriarcal, aprendendo a dissociar-se de experiências traumáticas, refugiando-se muitas vezes em experiências alienantes, como o trabalho, a paixão desportiva e os relacionamentos ocasionais. Mas isso também não é autenticamente humanizador para eles. Na verdade, tudo isso acarreta um custo, especialmente para aqueles homens que sentem o desejo de poder expressar-se com autenticidade, expressando os seus próprios desejos e métodos.

Os papéis sociais e a expressão de gênero devem ser capazes de expressar a originalidade de cada pessoa, sem impor padrões rígidos e sufocantes. Isso é coerente com o Evangelho da libertação que Jesus veio trazer para falar do rosto de um Deus da vida e do amor, criativo e criador, que deseja a felicidade plena para seus filhos e filhas. Nesse sentido, o Evangelho nos desafia e pede mais uma vez que sejamos pessoas libertadoras, capazes de encontrar caminhos expressivos e relacionais que estejam em profunda harmonia com quem somos. E pede-nos que acompanhemos quem encontramos e sobretudo quem amamos para sermos autenticamente o que sentem que são, respeitando a sua originalidade e acolhendo os seus métodos expressivos. Em última análise, esta é precisamente a qualidade humana que mais emerge de Jesus: Ele sabe ver o mundo com olhos renovados, ver a beleza que o Deus da vida e do amor semeou abundantemente em nossa realidade.

Além do matrimônio patriarcal

A raiz do androcentrismo

O patriarcado é baseado na hierarquia entre os gêneros. O gênero feminino é considerado subordinado ao gênero masculino. É, portanto, o homem que está no centro, por isso falamos de androcentrismo, do grego ἀνήρ/ἀνδρός (*anér/andrós*) que significa *masculino*. Já mencionamos isso. O que ainda não dissemos é a pretensão conceitual de fundar essa hierarquia diretamente na *natureza*, isto é, na observabilidade do que *normalmente acontece*. Nesse sentido, como sempre, o patriarcado argumenta de forma extremamente simplificada: se a mulher é, por natureza, a única que pode dar à luz, significa que o seu destino doméstico é natural. Ela não pode, portanto, fazer o que o homem faz. Dessa forma, a disparidade de oportunidades, mobilidade e horizontes estaria baseada na evidência das coisas. Mas é realmente um fato da natureza que a maternidade relega as mulheres a um papel estático?

Em busca de uma resposta, comecemos por observar o que acontece na natureza com as espécies animais, que se supõem inferiores a nós, seres humanos. Descobrimos com espanto que existem muitas espécies em que o macho cuida da ninhada. Pensemos, por exemplo, no cavalo-marinho, que guarda os ovos até que eclodam. Além disso, é o pinguim-imperador macho quem choca os ovos no lugar da fêmea que, por sua vez, assim que põe o ovo, sai para o mar aberto em busca de alimento. E ela pode ficar desaparecida por semanas inteiras. A ema, por sua vez, cria seus filhotes completamente sozinha, sem companheiro. Entre os mamíferos temos também o aotídeo, um macaco sul-americano, cujo macho assiste e cuida dos filhotes aos quais a fêmea simplesmente amamenta. Nem mesmo o mundo dos insetos escapa à paternidade responsável: o grande inseto aquático chamado *abedus herberti* recebe nas costas os ovos da fêmea e cuida deles até eclodirem. À luz dessa breve e parcial excursão pelo mundo animal, devemos deduzir que a escolha de estabelecer uma hierarquia de gênero entre os seres humanos se baseia numa decisão cultural e não numa observação natural. Por outras palavras, na base da desigualdade de gênero está uma escolha organizacional precisa de origem social e não uma necessidade imposta pela essência das coisas.

Uma escolha organizacional tornou-se necessária devido a uma peculiaridade completamente humana. Na verdade, o filhote humano tem necessidades rigorosas, desconhecidas por todas as outras espécies animais. A razão para essa situação está enraizada na história da evolução humana. O gênero Homo, para ficar sobre duas pernas e se tornar bípede, experimentou um estreitamento notável de seus quadris em termos de desenvolvimento anatômico. Esse fato físico acarretava considerável dificuldade de parto para as fêmeas da espécie, uma vez que a pelve estreita dificultava a expulsão do nascituro. A evolução encontrou uma solução ao prever a incompletude que caracteriza o filhote humano em comparação com todos os outros filhotes do reino animal. No momento do nascimento, em sua cabeça é visível a chamada moleira, ou seja, aquele tecido macio e fibroso que permite ao crânio a elasticidade necessária para sair do canal do parto. O filhote humano nasce, portanto, incompleto. A natureza mostra a evidência desse fato, se pensarmos que, apenas uma hora após o nascimento, um bezerro é capaz de ficar de pé e andar, um cachorrinho começa a andar satisfatoriamente às três semanas de idade, enquanto um filhote humano só começa a andar e caminhar após o primeiro ano de vida. E ainda precisa de cuidados muito especiais que duram pelo menos três anos. Mas sejamos claros: era a sociedade patriarcal que decidia quem deveria realizar essa tarefa de cuidado. Em suma, não foi a maternidade em si que indicou o espaço reservado às mulheres, mas foi a forma como foi vivenciada em múltiplas culturas que vinculou o destino da criança exclusivamente aos cuidados da mãe. Dessa maneira, historicamente, a maternidade impôs maior estabilidade e caráter estático às mulheres. Esse fato, inicialmente puramente físico e funcional, rapidamente levou a um estreitamento do espaço de vida das mulheres, ligado ao lar. Tudo isso afetou a representação simbólica das mulheres, limitando a sua percepção do mundo e reduzindo os seus limites. As experiências de saída, mobilidade e exploração estavam assim reservadas apenas aos homens: as atividades mais perigosas e arriscadas tinham de ser reservadas a eles, para proteger o sistema familiar. Essas distâncias foram encurtadas ainda mais nas sociedades que, tendo abandonado a caça, confiaram o cultivo dos campos aos homens, relegando as mulheres apenas à esfera doméstica. Foi assim que se estruturou aquela divisão simbólica dos espaços que, ao longo do tempo, gerou e consolidou diferentes espaços de atuação: as mulheres permaneceram ancoradas na órbita do lar e no cuidado dos filhos; os homens ultrapassaram as fronteiras residenciais, consolidando relações sociais mais amplas, cortando muitas vezes a responsabilidade parental plena e ativa. Querendo resumir com uma figura plástica: a mulher em casa, o homem na praça.

Essa distinção de âmbitos também gerou uma certa forma de se perceber na relação do casal. A mulher foi implicitamente convidada a deixar de lado os seus próprios desejos, a cuidar dos filhos e do homem, de quem dependia emocional e economicamente. O homem, por outro lado, era incentivado a seguir seus próprios desejos, desde que garantisse a subsistência econômica da esposa e dos filhos. A consolidação dessa disparidade de gênero fortaleceu o modelo patriarcal, tornando consequentemente o androcentrismo falsamente evidente e lógico. O androcentrismo está presente de forma invasiva na nossa linguagem, na forma de pensar, na forma de agir, na forma de estruturar as famílias e toda a sociedade. E a percepção desbotada que geralmente temos de quão invasivo e incapacitante tudo isso tem sido para as mulheres é provavelmente parte da sua força[2]. E essa realidade não deixa de ser empobrecedora também para os homens. As sociedades humanas privaram-se de recursos preciosos para o crescimento da cultura, da investigação e do bem-estar.

---

2. Pensemos, por exemplo, em como o sufrágio feminino foi instituído pelo Reino da Itália apenas em 1945: durante vinte séculos – sem contar os séculos que precederam a era cristã – foi negada às mulheres a possibilidade de se expressarem sobre questões políticas.

Chegando ao nosso tema, a relação do casal tem sido fortemente marcada por essa disparidade de oportunidades e horizontes, cristalizando-se em práticas conjugais patriarcais. Nesse horizonte, o corpo feminino era pensado como propriedade do homem, para garantir descendência legítima e honra ao homem[3].

MODELOS BÍBLICOS DE MATRIMÔNIO

Como a Bíblia se encaixa nessa discussão? É inútil negar que a Bíblia é filha do seu mundo patriarcal e reconhece como os papéis masculinos de poder foram frequentemente usados como vias privilegiadas para benefícios pessoais. Basta pensar, por exemplo, no vergonhoso uso ilícito do poder que o Rei Davi perpetrou contra Betsabeia e o seu marido Urias, abusando sexualmente dela e enganando e depois matando o marido. A história bastante desagradável é narrada no capítulo 11 do Segundo Li-

---

3. Até 1981, vigorava na Itália a lei dos crimes de honra, que justificava o assassinato de uma esposa infiel pelo marido. No mesmo ano, foi abolida a regra relativa ao casamento forçado, pela qual o homem que desonrasse uma mulher deveria se casar com ela. O foco era a honra do homem. [No Brasil, "em março de 2021, o Plenário do Supremo Tribunal Federal (STF) decidiu, por unanimidade, que a tese da *legítima defesa da honra* contraria os princípios constitucionais da dignidade da pessoa humana e da proteção à vida e da igualdade de gênero. Por isso, ela não pode ser usada em nenhuma fase do processo penal nem durante o julgamento perante o Tribunal do Júri, sob pena de nulidade" (STF, 2023) – N.T.].

vro de Samuel e mostra como até o rei mais amado pelo povo de Israel não pestanejou diante da possibilidade de tirar vantagem de seu poder. É fácil pensar que mesmo as páginas poéticas que descrevem a relação entre homem e mulher delineavam um ideal que não se concretizou na realidade. Assim, a narrativa do nascimento da primeira mulher da costela do primeiro homem (Gn 2,18-24) poderia corrigir uma disparidade evidente. Mas acabou por ser lida como uma autorização divina para relegar as mulheres ao papel subordinado da dependência emocional, econômica e, em última análise, existencial. A leitura patriarcal do texto do Gênesis insistiu, de fato, na precedência cronológica do homem sobre a mulher, subvertendo a evidência natural do parto, em que o homem nasce da mulher. A partir disso, afirmava-se a prioridade do homem sobre a mulher, visto que esta foi criada para suprir uma necessidade daquele. Foi então o homem quem deu um parecer sobre a mulher e decidiu seu nome, demonstrando claramente poder sobre ela. Tudo isso com bênção divina.

Poligamia

Na prática, isso se traduzia no reconhecimento pela sociedade de diferentes possibilidades e direitos para homens e mulheres. A primeira e mais evidente indicação disso é encontrada na poligamia. Um homem poderia se casar com várias mulheres, enquanto a poliandria, ou seja, a hipótese de que uma mulher se casasse com vários homens, não existia. A condição feminina no casamento polígamo era certamente de tensão e precariedade, sobretudo no âmbito emocional. As hostilidades entre as esposas não eram incomuns, pois elas competiam pela atenção do marido, muitas vezes em meio ao barulho dos filhos paridos, provocações e conflitos mais ou menos óbvios. A narrativa bíblica do Primeiro Testamento apresenta vários casos de poligamia, implicitamente reconhecida como algo legalizado em Dt 21,15-17. Jacó se casa com duas de suas primas, Lia e Raquel, que são irmãs entre elas, e cada uma delas lhe oferece sua própria serva como concubina, justamente para obter mais consideração do marido (Gn 29,15-30; 30,1-9). Esaú, irmão de Jacó, tem três esposas (Gn 26,34; 28,9; 36,1-5). O juiz Gideão, por sua vez, tinha muitas esposas e pelo menos uma concubina (Jz 8,30-31). Elcana, pai de Samuel, tinha duas esposas: Fenena e Ana (1Sm 1,2). A esterilidade de Ana foi causa de grande sofrimento interno e humilhação por parte da sua esposa fértil (1Sm 1,6). E a lista continua.

Não havia limite legal estabelecido na Bíblia para o número de possíveis esposas. Só mais tarde o Talmude babilônico estabeleceu que um homem poderia ter quatro esposas, mas se fosse o rei, o número de consortes poderia chegar a dezoito (*Evamot* 44a). O limite real, porém, era provavelmente estabelecido pela situação econômica, uma vez que cada esposa significava uma boca extra para alimentar e mais filhos para sustentar. Em geral, o motivo do segundo casamento estava ligado ao desejo de ter uma segunda pessoa disponível para as tarefas domésticas ou de ter mais filhos. Se a primeira esposa fosse estéril ou desse à luz apenas mulheres, casar-se com outra mulher era a solução mais lógica para garantir a descendência masculina. No entanto, deve-se notar que tanto os textos sapienciais quanto a literatura profética (Os 2,4s.; Jr 2,2; Is 50,1; 54,6-7; 62,4-5) referem-se ao ideal do casamento monogâmico. Isso nos leva a crer que, na realidade, esse último modelo deve ter sido o mais difundido.

O contrato matrimonial

A condição de subordinação feminina também foi indicada em nível linguístico. O termo hebraico que indica a ação (masculina) de se casar com uma mulher é o verbo *bâ^cal*, que significa literalmente *tornar-se senhor*. Da mesma raiz deriva o substantivo *ba^cal* (diferente apenas na duração da primeira vogal), que indicava o dono, por exemplo, de um poço (Ex 21,34) e também o marido (Ex 21,3).

Nessa linha simbólica e prática, o contrato de casamento judaico também sugeria uma desigualdade de posição social. Na verdade, envolvia o pagamento do *mohar*, quantia em dinheiro que o homem pagava ao pai da mulher, já no momento do noivado. O valor pago poderia variar dependendo das necessidades do pai ou da condição social da família. O termo ocorre apenas três vezes na Bíblia (Gn 34,12; Ex 22,16; 1Sm 18,25), e também é traduzido como *dote*. Porém, o dote que costumamos pensar é o conjunto de bens que a família da noiva lhe proporciona para ajudá-la a constituir a nova família. Psicologicamente, um dote é um sinal de participação ativa do pai da noiva em seu nome. Em vez disso, o *mohar*, como quantia paga pelo noivo, tinha um valor simbólico muito diferente. Na verdade, embora não fosse, no sentido técnico, a contraprestação de uma compra, porque a esposa não vivia nas mesmas condições que a pessoa escravizada, não é difícil compreender que o gesto lembrava o contexto da propriedade adquirida. Esse elemento, aliado à terminologia conjugal pela qual o noivo era definido como *senhor*, pinta um quadro suficientemente claro da condição de inferioridade feminina no casal. Mesmo que, na realidade, o *mohar* fosse pensado como uma compensação ao pai da noiva pela perda da filha, depois de partir para viver com o marido: provavelmente porque a perda de mão de obra precisava ser reembolsada. De qualquer forma, falar de propriedade no sentido jurídico é um exagero; não se pode negar que, na prática, o homem da casa gozava de direitos e prerrogativas inimagináveis para as mulheres da família.

Lembremos também que os casamentos aconteciam em idade muito precoce entre os povos antigos. Como já foi referido, a maioridade para uma moça estava fixada em 12 anos, enquanto o rapaz devia ter pelo menos 13 anos. A idade mínima dos cônjuges também explica por que os casamentos eram muitas vezes arranjados pelas famílias, sem sequer consultarem os futuros cônjuges. A Bíblia relata uma negociação matrimonial referente a Isaac: Abraão enviou um servo a Labão, irmão de Rebeca, para arranjar o casamento dos dois (Gn 24,33-53). Isso não quer dizer que não existissem casamentos por amor, mas, como mencionado alhures, esses não eram a norma.

O repúdio

Outra diferença significativa na condição dos dois cônjuges era dada pela possibilidade, concedida pela Lei apenas ao homem, de repudiar a esposa. O repúdio era, na verdade, a interrupção unilateral do contrato de casamento por parte do marido. A fórmula do repúdio era simples e dela encontramos eco nas palavras do Profeta Oseias.

> Ela não é a minha mulher e eu não sou o seu marido (Os 2,4).

A prática envolvia a lavratura de libelo ou escritura de repúdio que sancionava o fim da união conjugal e a interrupção dos direitos da mulher sobre os bens do homem. Mas foram sobretudo os motivos que justificaram esse repúdio que suscitaram muita discussão.

> Se um homem toma uma mulher e casa-se com ela, e esta depois *não lhe agrada* porque descobriu nela algo que o envergonha, escreverá uma certidão de divórcio e assim despedirá a mulher (Dt 24,1).

O que significa *não lhe agrada*? A interpretação desse vago versículo ocupou os mestres da Lei. Na época de Jesus, duas escolas rabínicas se enfrentaram nessa questão. Por um lado, a escola do rigorista Shamai o Ancião, convencido de que o repúdio só deveria ser dado em caso de infidelidade conjugal. Como isso colocava em risco a legitimidade da prole, mandar a esposa de volta era certo, se não necessário. Por outro lado, a escola laxista de Hilel acreditava que era permitido repudiar a própria esposa, mesmo por razões triviais. Bastava que ela tivesse deixado a comida queimar ou não fosse mais atraente aos olhos do marido. O Livro do Eclesiástico revela na desobediência motivo suficiente para retirar uma mulher de sua casa, repudiando-a:

> Se não andar conforme teus acenos, então corta-a de tua carne (Eclo 25,26).

O mais desestabilizador do repúdio era a precária condição em que a mulher se encontrava. Privada das garantias econômicas necessárias à sobrevivência, ela poderia recorrer ao pai, se ele ainda estivesse vivo, pedindo-lhe que pudesse dispor do *mohar*: aquela quantia em dinheiro poderia protegê-la pelo menos por um tempo. De resto, ela teria a opção de voltar para a casa do pai ou se casar novamente. Como candidata a um novo casamento, porém, não gozava de credenciais desejáveis, visto que, na verdade, o motivo do repúdio, segundo Deuteronômio, era um ato vergonhoso do qual ela era culpada. Como já dissemos, naquela estrutura social com forte cunho patriarcal era impensável que uma mulher repudiasse o marido: esse caso não está contemplado na legislação bíblica. Para alguns povos vizinhos isso era possível, como atesta o Código de Hamurabi, que reconhece o direito da mulher de pedir o divórcio, mas apenas se autorizado por um juiz que reconheça alguma culpa por parte do seu marido.

Deve-se notar aqui que o Primeiro Testamento, porém, se pronuncia sobre a proteção do vínculo conjugal, condenando o ato de repúdio. O Profeta Malaquias é quem mais insiste no tema.

> Porque odeio o repúdio – diz o SENHOR todo-poderoso, o Deus de Israel – e aquele que cobre de violência sua veste – diz o SENHOR todo-poderoso. Guardai-vos, pois, no que diz respeito às vossas vidas e não cometais traição! (Ml 2,16).

Malaquias esclarece a inaceitabilidade de repudiar a primeira esposa, visto como um ato de infidelidade e violência que mancha a própria veste, ou seja, é evidente.

O MATRIMÔNIO SEGUNDO JESUS

Após essa visão geral da condição conjugal do tempo de Jesus, observemos a forma como Ele viveu essa dimensão e se expressou sobre o tema, segundo principalmente o relato de Marcos.

O matrimônio de Jesus

Comecemos com uma consideração que os evangelhos mostram com alguma evidência: durante o seu ministério itinerante, Jesus não era casado. A sua idade avançada, que Lucas registra em torno dos 30 anos (Lc 3,23), não pode fazer excluir que Jesus, na sua experiência em Nazaré, possa também ter sido casado. Na sua cultura, como vimos, um homem podia se casar já aos 13 anos de idade. Os evangelhos não se preocupam em esclarecer detalhes sobre a vida de Jesus que antecede o seu itinerário missionário. Não nos dizem se Ele sempre foi celibatário ou se era viúvo. O que eles esclarecem com algumas evidências é que o tempo do seu ministério itinerante foi marcado pelo celibato. Esse elemento revelou-se realmente muito estranho em sua cultura. Já o consideramos sob diferentes pontos de vista: casar-se era um imperativo que a sociedade religiosa e patriarcal impunha vigorosamente aos homens e às mulheres. Estavam em jogo a subsistência do povo, o nome da família, a continuidade do trabalho no clã. Nessa perspectiva, o estado celibatário de Jesus não era uma ostentação: era uma coisa estranha. Um homem da idade dele, solteiro, devia ter tido alguns problemas embaraçosos. Encontramos um eco dessa hipótese na enigmática afirmação de Jesus sobre os eunucos, relatada apenas por Mateus.

> Pois há homens incapazes para o casamento porque assim nasceram do ventre da mãe; há outros que assim foram feitos pelos homens, e há aqueles que assim se fizeram por amor do Reino dos Céus. Quem puder entender, que entenda (Mt 19,12).

Normalmente, esse texto é interpretado como a aprovação entusiástica de Jesus ao celibato daqueles chamados a segui-lo. Mas o contexto cultural da história de Mateus ainda não conhece o fenômeno que posteriormente enfatizaria a virgindade e o celibato, a ponto de torná-los ideais a perseguir. Trata-se de um processo substancialmente posterior à tessitura do Novo Testamento, que encontra impulso em formas de seguimento como o monaquismo, nascido no Egito no século IV d.C. A experiência monástica assumirá a forma de duas direções: discutirá com uma sociedade já cristianizada, mas decididamente ameaçada pelo aburguesamento e pela mediocridade; encontrará na doação de sua sexualidade a Deus uma renovada forma de viver a lógica do martírio, que culminou com o fim das ações persecutórias, em razão do reconhecimento do cristianismo de Estado, por parte do Imperador Constantino. Mas, quando Mateus escreveu seu evangelho, por volta do ano 80 d.C., o casamento ainda era o ideal vigorosamente proposto, senão imposto, pela sociedade da época. Entre outras coisas, um rabino tinha de se casar. Devemos, portanto, compreender em que sentido Jesus fala de eunucos e formular hipóteses sobre a situação concreta que o levou a ter feito isso.

Segundo a estrutura narrativa do Evangelho de Mateus, Jesus responde aos seus discípulos que, preocupados com a penosa condição do homem casado que não pode divorciar-se da mulher, apresentam a hipótese de que é mais conveniente evitar totalmente o casamento (Mt 19,10). Na realidade, porém, essa afirmação parece antes o eco de uma resposta irônica que Jesus teria dirigido àqueles que, culpando a sua condição celibatária, o consideravam um eunuco. Tecnicamente, o termo eunuco indicava inicialmente um dignitário da corte. Como eles tinham acesso ao harém do soberano, a prática da castração se espalhou para proteger a inviolabilidade dos direitos conjugais e dinásticos do rei. Dessa forma, o termo eunuco, na época de Jesus, já indicava um homem incapaz de se casar. Portanto, essa pode ter sido a insinuação dos seus detratores. Isso deixa claro que a condição de celibato era constrangedora e fonte de fofoca.

Na sua resposta, Jesus liga a sua escolha do celibato ao Reino de Deus ou, como diz Mateus, ao Reino dos Céus. E essa é a chave para compreender a escolha, contrária ao senso comum e chocante de não ter uma esposa, de Jesus. O seu gesto foi profético, contestou aquela forma patriarcal de compreender a família como primeiro núcleo de uma pertença exclusiva e excludente. Com a sua escolha, Jesus não pede aos seus discípulos que não constituam família nem condena as relações íntimas entre casais. Em vez disso, pede-nos que saiamos da lógica clânica da família, ou seja, daquela certa forma de vivê-la como pertencimento que separa dos outros e isola aqueles que não fazem parte dela. O Reino de Deus, uma condição social baseada na justiça e na inclusão, não pode aprovar essa abordagem patriarcal ao casamento e à família. Jesus quebra a lógica que separa, e mostra que é possível construir relações livres, fundadas no único desejo de criar uma sociedade mais humana e humanizadora. Por outro lado, o resto do contexto do Novo Testamento esclarece como o casamento não foi proibido nem desencorajado por Jesus ou pela primeira comunidade cristã.

Pensemos, por exemplo, no caso de Simão (Pedro), cuja situação conjugal Marcos apresenta sem sombra de dúvida, visto que fala da sua sogra (Mc 1,30). A ideia de um Pedro casado é, de certa forma, embaraçosa para a Igreja Católica Romana de rito latino, que pretende proteger a sua escolha do celibato para os ministros ordenados. Portanto, foi feita uma tentativa de matizá-lo, afirmando que Simão Pedro ainda teve de deixar sua esposa para seguir Jesus e nunca mais vê-la. Mas, na realidade, os dados bíblicos parecem oferecer outra imagem. De fato, lendo a Primeira Carta aos Coríntios, deparamo-nos com uma frase muitas vezes subestimada, na qual Paulo, abertamente, pergunta polemicamente:

> Não temos o direito de fazer-nos acompanhar por uma mulher irmã, do mesmo modo que os outros apóstolos e os irmãos do Senhor e Cefas? (1Cor 9,5).

A partir dessa pergunta retórica fica claro que o casamento era uma condição generalizada e nada problemática para o primeiro grupo de cristãos. Os missionários, a quem Paulo chama de *apóstolos*, parentes de Jesus e do próprio Pedro, aqui chamado de Cefas com seu nome aramaico, não desistiram de viver no seio da própria família, com a própria esposa. E isso ocorre simplesmente porque tal situação não era necessária. Com efeito, segundo um escrito da escola paulina, elaborado ainda no século I, o casamento para os bispos, mais do que um problema, era um parâmetro de confiabilidade:

> Quem aspira ao episcopado saiba que está desejando uma função sublime. É necessário, porém, que o epíscopo seja irrepreensível, casado uma só vez, sóbrio, prudente, modesto, hospitaleiro, capaz de ensinar. Não deve ser dado a bebidas nem violento, mas bondoso, pacífico e desprendido. Deve saber governar bem sua casa, educar os filhos na obediência, mas com toda a dignidade. Pois, quem não sabe governar a própria casa como governará a Igreja de Deus? (1Tm 3,1-5).

O mesmo critério é apresentado para os diáconos (1Tm 3,12) e para os sacerdotes (Tt 1,6). Em suma, aquela hierarquia eclesial germinal, que ia se organizando com o passar do tempo, considerava o casamento uma condição de vida útil, senão necessária, em perfeita harmonia com a sensibilidade da época. Na verdade, o judaísmo da época de Jesus, tecnicamente definido como *do Segundo Templo*, provavelmente não conhecia o ideal do celibato ou da virgindade. A sua estrutura patriarcal e religiosa via no casamento a garantia da indispensável subsistência étnica e identitária. Alguns poderiam se opor a essa tese citando a chamada experiência monástica dos essênios de Qumran. Ora, de acordo com os dados que temos sobre essa condição de vida, não existe uma ligação óbvia entre o estado celibatário e um ideal religioso.

Flávio Josefo nos oferece preciosos esclarecimentos sobre as escolhas dos essênios.

> Entre eles o casamento é desprezado e por isso adotam os filhos de outras pessoas quando ainda são capazes de estudar, e os consideram membros da família e os educam de acordo com os seus princípios; não é que condenem absolutamente o casamento e a criação de filhos, mas defendem-se da lascívia das mulheres porque acreditam que ninguém permanece fiel a apenas uma (*Guerra Judaica*, II, 120-121).

Flávio Josefo também registra a existência do grupo de cidades essênias, nas quais o casamento era praticado. E ele especifica:

> Há também outro grupo de essênios, semelhante ao anterior na vida, nos costumes e nas leis, mas diferente no conceito de casamento. Na verdade, eles acreditam que quem não se casa é como se estivesse amputando a parte principal da vida, a sua propagação, e de fato observam que se todos pensassem assim a raça humana logo se extinguiria. Portanto, submetem as noivas a um período probatório de três anos e só as casam depois de terem demonstrado fertilidade em três períodos de purificação. Não mantêm relações sexuais com mulheres grávidas, demonstrando assim que se casaram não por prazer, mas para ter filhos (*Guerra Judaica*, II, 160-161).

Em suma, enquanto os essênios de Qumran evitavam o casamento por desprezo pelas mulheres, os da cidade casavam-se apenas para ter filhos, suportando a incômoda inconveniência de ter relações com uma mulher infiel e lasciva. Eu diria que a lógica patriarcal permanece intacta e que essas escolhas parecem extremamente distantes daquela de Jesus, que não se casou, num gesto polêmico e profético em relação ao sistema tribal opressor, destinado a causar sensação, mesmo que então, ao longo da história do cristianismo, abundantemente domesticado.

A opinião de Jesus

O Evangelho segundo Marcos não traz uma discussão sistemática sobre o casamento, nem sobre nenhum tema específico. E sabemos bem que essa não foi a intenção de nenhum dos evangelhos. Contudo, Marcos apresenta duas situações em que Jesus se pronuncia sobre o tema do matrimônio, ajudando-nos a apreender critérios sempre válidos e distantes do contexto patriarcal com o seu horizonte de significado.

Jesus e o divórcio (Mc 10,1-12)

Quando a viagem de Jesus a Jerusalém está para terminar e Ele, com o seu grupo de discípulos, se aproxima da sua meta, Marcos oferece-nos uma série de episódios que tem o sabor de uma disputa. Em particular, o capítulo 10 se inicia com o diálogo entre Jesus e alguns fariseus que o abordaram para apanhá-lo e mostrar assim a sua falta de fiabilidade e incompetência teológica.

> Perguntaram-lhe se era permitido ao homem repudiar a mulher. Ele lhes respondeu: "O que Moisés vos ordenou?" (Mc 10,2-3).

Jesus reage apelando para as Escrituras. Dessa forma Ele mostra a sua fidelidade a uma história de reflexão teológica que, segundo a sensibilidade antiga, estava enraizada nas palavras diretas de Deus.

> Eles disseram: "Moisés permitiu escrever uma certidão de divórcio e despedir a mulher" (Mc 10,4).

A resposta dos fariseus especialistas lembra o texto da Lei que já mencionamos: Dt 24,1. O Deuteronômio, que oportunamente citaram, é a grande revisitação da Lei, como o próprio nome indica (δεύτερος – *dêuteros*, significa *segunda*, e νόμος – *nômos* significa *lei*). Na sua resposta, porém, Jesus se referirá diretamente à Lei, expressa no Livro do Gênesis (Gn 1,27; 2,24).

> Foi devido à dureza de vossos corações que ele vos deu esta lei. Mas no princípio da criação Deus os fez homem e mulher. Por isso o homem deixará pai e mãe para unir-se à sua mulher, e os dois serão uma só carne. Assim, já não são dois, mas uma só carne. Não separe, pois, o homem o que Deus uniu (Mc 10,5-9).

Para fundamentar o seu argumento, Jesus põe, portanto, diretamente em questão a história das origens, anterior a qualquer legislação segundo a exegese da época. Ele fala, assim, do projeto criacional em que a união entre duas pessoas se baseia no desejo de construir uma realidade única. Com efeito, a expressão *ser uma só carne* deve ser entendida no seu sentido judaico de *tender a ser uma só carne* (Gn 2,24). Jesus apresenta, portanto, o projeto de uma união que se constrói dia após dia, um processo sempre em andamento e nunca concluído, que se baseia no desejo do bem para o outro. Por isso, é impensável um repúdio que deixe o parceiro sem proteção e segurança para o resto da vida.

Esse argumento tem sido frequentemente entendido como a condenação explícita de Jesus ao divórcio. Mas essa leitura é simplista e não tem em conta o contexto histórico que tentei delinear. Especificamente, deve-se ter em mente que o repúdio não corresponde ao divórcio tal como o entendemos hoje, ou seja, como o fim da união conjugal entre dois sujeitos adultos e independentes. No tempo de Jesus, uma vez casada, a mulher tornava-se parte da propriedade do seu homem e dependia dele em todos os sentidos possíveis. Jesus não contesta a existência do repúdio no sistema jurídico do seu povo (Dt 24,1), mas entende-o como uma das normas destinadas a compensar a imaturidade humana. Haveria, portanto, uma certa pedagogia da Lei divina que pede do ser humano aquilo que ele é capaz de cumprir, sem ir mais longe. Mas quem compreende o significado profundo da Lei deve ir ao seu âmago. E o âmago da Lei é o amor que, neste caso, assume a forma de proteção da parte frágil. Ao redimensionar a regra do repúdio, Jesus coloca-se na esteira de profetas como Malaquias, em cujo livro, como vimos, Deus afirma que detesta o repúdio, considerando-o um ato violento (Ml 2,16). A violência desse ato está precisamente nas suas consequências na vida da mulher, privada de qualquer garantia de subsistência e respeito. Ainda mais porque muitas vezes a mulher, para evitar o repúdio com suas nefastas repercussões existenciais, aceitava viver na dependência do marido.

A contestação do repúdio é, portanto, a forma como Jesus apela à responsabilidade pessoal para com os frágeis, sempre na lógica humanizadora e libertadora do Reino de Deus. O privilégio androcêntrico de decidir o destino de uma mulher não pode ser tolerado por aqueles que, como Jesus, anunciam com a vida e as palavras o rosto de um Deus amoroso e vital, atento à felicidade de cada criatura. Dessa forma, Jesus condena o modelo patriarcal de matrimônio, fundado no privilégio e na gestão despótica da vida alheia, que conferia ao marido o direito de dispor da vida da mulher.

> De volta para casa, os discípulos perguntaram-lhe novamente sobre o mesmo assunto. Jesus lhes respondeu: "Quem divorciar-se de sua mulher e se casar com outra, comete adultério contra a primeira. E se a mulher se divorciar do marido e se casar com outro, comete adultério" (Mc 10,10-12).

Quando questionado em particular por seu grupo de discípulos e discípulas, Jesus especifica que o repúdio feito por motivos triviais não tem efeitos. Isto é, a pessoa continua casada e então, ao se casar novamente, comete adultério. Aqui é necessário mais um esclarecimento. Quando se fala de adultério na Bíblia, não há referência à traição sexual e emocional de um relacionamento conjugal. Em vez disso, significa um ataque à propriedade do homem, da qual fazem parte a mulher e os filhos legítimos. O adultério era, portanto, sempre relativo ao direito do homem (Ex 20,14; Dt 5,18). No caso de o marido trair a esposa com uma mulher livre, não se trataria de adultério. A relação de um homem com uma mulher casada era considerada adultério, porque prejudicava os direitos do outro homem (Dt 22,22; Lv 20,10). Jesus esclarece as coisas: até o homem que se casa com outra mulher [depois de largar a sua] comete adultério. O foco não é o adultério, mas a igual dignidade dos dois cônjuges. Tenhamos também em mente que, se Marcos fala do possível repúdio da mulher, ele o faz à luz do seu próprio contexto jurídico romano.

Uma mulher e muitos maridos (Mc 12,18-27)

O segundo texto em que, segundo o relato de Marcos, Jesus fala do casamento, é uma nova disputa, desta vez com os saduceus, membros ou apoiadores da casta sacerdotal. Como especifica Marcos (Mc 12,18), os saduceus, ao contrário de outros grupos judaicos, não acreditavam na ressurreição dos mortos. Nesse contexto teológico, eles fazem uma pergunta a Jesus para verificar a sua ideia sobre esse tema.

> Mestre, Moisés nos deixou escrito: Se morrer o irmão de alguém, deixando a mulher sem filhos, case-se com ela o irmão dele para dar descendência ao morto (Mc 12,19).

Comecemos por esclarecer o contexto legislativo. Os saduceus referem-se à lei do levirato (Dt 25,5-6), que já havíamos mencionado acima, com a qual, por meio do casamento entre a viúva (de um homem que morreu sem descendência) e o seu cunhado, o falecido garantiria um filho. Nesse contexto normativo, de evidente origem patriarcal, a mulher era considerada um mero instrumento de procriação que garantiria ao homem, vivo ou falecido, uma posteridade. Embora a intenção da Lei fosse também proteger a viúva, evitando que ela fosse privada da proteção masculina, a história de Judá e Tamar (Gn 38) mostra como a mulher poderia ser enganada e permanecer ancorada em uma família que não pretendia realmente cuidar dela.

O relato de Marcos continua:

> Ora, havia sete irmãos. O primeiro casou-se e morreu sem deixar filhos. O segundo casou-se com a viúva mas também morreu sem deixar filhos. Do mesmo modo o terceiro, e dos sete nenhum deixou filhos. Por último de todos morreu também a mulher. Na ressurreição, quando todos ressuscitarem, de quem será a mulher? pois os sete a tiveram por mulher (Mc 12,20-23).

Os saduceus, considerando a premissa legal, apresentam a Jesus um episódio surreal sobre o destino da ressurreição de uma mulher casada e com sete maridos. Essa questão revela como os saduceus concebiam a ressurreição de maneira caricatural, pensada como um regresso banal à vida anterior[4]. E eles confirmam a suposição patriarcal de que uma mulher deve pertencer a um homem, mesmo após a morte. Jesus responde na mesma moeda, com a habitual franqueza que o distingue, e com o habitual domínio das Escrituras interpretadas em tom libertador.

> Acaso não vos enganais, desconhecendo as Escrituras e o poder de Deus? Porque na ressurreição dos mortos, as pessoas não se casam, nem se dão em casamento,

---

4. Sobre o tema da ressurreição, cf. Corallo (2021b).

mas são como os anjos no céu. E quanto aos mortos que vão ressurgir, não lestes no livro de Moisés, no episódio da sarça, como Deus lhe falou: Eu sou o Deus de Abraão, o Deus de Isaac e o Deus de Jacó? Ele não é Deus de mortos mas de vivos. Andais muito enganados (Mc 12,24-27).

Jesus é preciso: a obsessão procriadora não pertence à vida dos ressuscitados, porque simplesmente não pertence à vida autêntica. Existe vida autêntica quando a pessoa é considerada merecedora de dignidade e respeito simplesmente por existir, tal como ela é. A ressurreição, nas palavras de Jesus, é a pertença ao Deus da vida, no qual todos permanecemos vivos, em virtude do seu amor, mesmo depois da morte. Na perspectiva que Jesus apresenta, ninguém pode ser explorado para fins familiares. Para ter valor, a pessoa não precisa ser casada ou ter filhos. Ninguém pode ser reduzido ou reduzida a uma engrenagem do sistema social e familiar. Nem mesmo para fins religiosos. Aliás, cada pessoa é dotada de uma dignidade própria que merece respeito e proteção.

Retorna o pano de fundo profético da escolha de Jesus pelo celibato: Ele não tinha filhos, mas nem por isso se sentia meio-homem, tampouco culpado de não contribuir para a causa étnica do seu povo. Jesus era humano e, enquanto tal, sabia que era profunda e vitalmente amado pelo Deus a quem chamava por um nome parental completamente transfigurado: *Abba*.

Além do matrimônio patriarcal

Jesus jamais contestou o casamento nem preferiu o celibato porque este fosse um caminho melhor do que aquele. Jesus contestou a exploração da forma como o casamento era vivido na perspectiva patriarcal. Certamente, haverá quem pergunte por que deveriam desafiar a estrutura social patriarcal que protegeu a humanidade durante séculos, levando-a a crescer numericamente de forma superabundante. O patriarcado, como qualquer sistema baseado na utilidade, valoriza a quantidade, mas o faz em detrimento da qualidade. Faltam qualidade de vida, felicidade pessoal, garantia de poder viver sem abusos, sem manipulações, sem acabar sendo engrenagens do sistema. O mecanismo familiar patriarcal manteve as famílias unidas durante séculos, mas o fez à custa da felicidade, triturando nas suas engrenagens os sonhos, a dignidade, os direitos e as vidas de milhões de mulheres e também de muitos homens, forçados a seguir o seu ritmo desumano. O problema para Jesus não é o casamento, mas a forma como ele é compreendido. Viver a união matrimonial na lógica libertadora do Evangelho significa escapar ao incômodo imperativo procriador e à arrogante prepotência do androcentrismo, para nos encontrarmos como pessoas que partilham um projeto de vida que visa a entrar naquela harmonia profunda e nunca completa que traz felicidade. Mais uma vez, o Evangelho nos impulsiona a nos humanizarmos, a nos tornarmos o que somos no sonho do Deus vital e amoroso, que não se cansa de desejar a nossa felicidade.

ALÉM DOS MODELOS PATRIARCAIS

O MODELO PATRIARCAL

Como deve ter ficado evidente, a sociedade do tempo de Jesus caracterizava-se por uma abordagem puramente patriarcal, indiscutível no contexto cultural do seu tempo. Como qualquer sociedade, também a dele se baseava em modelos existenciais propostos para fortalecer a sua estrutura, tornando-a atraente e partilhável.

Quais eram os modelos de homem e mulher na cultura bíblica? Se procurássemos um retrato ideal do homem na Bíblia, sentiríamos uma certa decepção. Nenhuma página das Escrituras fornece uma identidade do homem perfeito e exemplar. E isso provavelmente ocorre porque não há reflexão sobre um modelo masculino real. O homem não tem modelos a seguir: ele próprio é o modelo. A sociedade reconhece implicitamente os papéis do poder e os direitos a eles ligados. E a Bíblia limita-se a confirmar esse poder indiscutível, tentando reduzi-lo para que não se degenere. O modelo masculino, em suma, é então o do homem sábio que sabe servir-se da sabedoria divina para viver a sua supremacia com prudência e justiça. Assim emerge o ideal de uma *autoridade prestativa* que, indiretamente, nada mais faz do que dar o seu consentimento implícito à estrutura desequilibrada em que o homem, enquanto homem, é sujeito de amplos direitos e faculdades, desconhecidos pelas mulheres.

Nessa lógica, o rei deveria reinar sem se esquecer da Lei, a única capaz de impedi-lo de se orgulhar diante de seu povo:

> Conservará a cópia consigo e a lerá todos os dias de sua vida, para aprender a temer ao SENHOR seu Deus, a guardar todas as palavras desta Lei e todos estes preceitos e a praticá-los. Assim não se levantará orgulhoso acima de seus irmãos, nem se desviará para a direita ou para a esquerda; e se prolongarão os dias de seu reinado e do reinado de seus filhos no meio de Israel (Dt 17,19-20).

Os líderes locais deviam agir para além dos seus próprios interesses, sem ceder à sua própria conveniência:

> Mas procura entre todo o povo homens de valor, que temem a Deus, dignos de confiança e inimigos do suborno, e estabelece-os como chefes de mil, de cem, de cinquenta e de dez (Ex 18,21).

Da mesma forma, os sacerdotes, em contrapartida do benefício social e econômico decorrente da gestão do sagrado, deviam ser instrumentos de bênção divina para o povo:

> Nesse tempo o SENHOR destacou a tribo de Levi a fim de levar a arca da aliança do SENHOR, para que estivessem em sua presença e o servissem, abençoando em seu nome, como o fazem até hoje (Dt 10,8).

E os profetas precisavam ser mensageiros fiéis das palavras de Deus ao povo, para evitar dizer coisas que não agradassem a Deus em proveito próprio: favorecendo a classe masculina. E isso é um dado de fato, simplesmente registrado pela estrutura patriarcal da sociedade da época.

No entanto, se não existem páginas bíblicas dedicadas à reflexão sobre como deveria ser o homem ideal, na Bíblia há uma reflexão – masculina – sobre qual é o modelo feminino que cada mulher deve ter em mente. Temos provas disso sobretudo no cântico alfabético acróstico presente no sapiencial Livro dos Provérbios (Pr 31,10-31). Como todo hino alfabético bíblico, esse também pretende exprimir as suas ideias de forma exaustiva: de fato, utiliza todas as letras à disposição no alfabeto hebraico. Ao lê-lo, uma peculiaridade chama imediatamente a sua atenção. O cântico começa com a pergunta sobre a mulher ideal e imediatamente responde questionando sua relação com o homem. Enquanto se fala do homem – seja rei, chefe tribal, sacerdote ou profeta – esclarecendo a forma como deve gerir o seu papel, fala-se da mulher colocando-a em relação a um homem: o marido. Implicitamente, diz-se que a mulher só encontra a sua plenitude existencial se for casada.

> Nela confia o coração de seu marido, e não terá falta de recursos. Ela lhe dá alegria, e jamais desgosto, todos os dias de sua vida (Pr 31,11-12).

O papel servil da mulher é realçado pela complacência que ela deveria nutrir para com o marido. É difícil não pensar em quanto as páginas desse tipo influenciaram as expectativas das mulheres ao longo de muitos séculos de cultura cristã. A mulher é pensada em função do homem e da família que ele lhe dá. Nessa chave, ela é prontamente descrita como incansavelmente diligente e atenta à criação de seus filhos.

> Levanta-se, quando ainda é noite, prepara a refeição para sua família e indica as tarefas às empregadas. Cinge a cintura com firmeza e redobra a força de seus braços (Pr 31,15.17).

Resumindo, a mulher ideal é aquela que honra o marido:

> Seu marido tem renome no tribunal,
> quando se senta com os anciãos do país
> (Pr 31,23).

Essa breve visão panorâmica nos permite perceber como, essencialmente, o imaginário masculino está ligado ao poder a ser usado com cautela, enquanto o feminino está ligado a uma dependência do masculino, funcional ao bem-estar do dispositivo familiar, núcleo do clã e, em última análise, das contas, do povo.

A CONTRAPROPOSTA DO EVANGELHO

Na verdade, existem muitas páginas no Evangelho de Marcos que podem atrair a nossa atenção ao procurarmos modelos alternativos. Folheando o texto, muitas vezes nos deparamos com números marginais. São aqueles que povoam o universo existencial escolhido por Jesus como espaço de diálogo. Convém nos determos para considerar duas figuras que são concretamente trazidas à nossa atenção como modelos para uma vida plena.

Uma criança (Mc 10,13-16)

É o capítulo 10 do relato de Marcos que nos oferece uma figura de referência, em alguns aspectos inesperada.

Alguns traziam a Jesus crianças para que as acariciasse, mas os discípulos os repreendiam. Vendo isso, Jesus se aborreceu e lhes disse: "Deixai vir a mim as crianças e não as impeçais, pois o Reino de Deus é daqueles que são como elas. Eu vos asseguro: Quem não receber o Reino de Deus como uma criança, jamais nele entrará". Jesus abraçava as crianças e as abençoava, impondo as mãos sobre elas (Mc 10,13-16).

Para apreender o peso e o significado dessa famosa cena evangélica, no horizonte da nossa reflexão, é necessário contextualizar a figura das crianças na sociedade da época. Como em qualquer sociedade patriarcal antiga, elas eram absolutamente marginalizadas e completamente sujeitas à vontade do pai. O filósofo e amigo do Imperador César Augusto, Ário Dídimo, num tratado sobre a gestão da casa, assim se expressa a respeito dos papéis da autoridade doméstica, traçando uma hierarquia clara:

O homem é naturalmente responsável pela administração do lar, pois a faculdade deliberativa é menor na esposa, ainda não existe nos filhos e está totalmente ausente nos escravos.

Como se percebe no texto, o direito romano não reconhecia a dignidade jurídica aos filhos menores. Na escala de autoridade, eram colocados depois das mulheres e antes dos escravos. Em suma, num lugar nada invejável, também porque as mulheres e os escravos eram essencialmente impotentes. Mas pode ser decididamente impressionante ler o bilhete à sua amada esposa escrito por Hilário, um comerciante ou soldado de uma província romana, no mesmo período histórico.

> Hilário para sua esposa Alis, saudações; também saúdo minha senhora Berous e Apolinário. Saiba que ficaremos em Alexandria: não se preocupe se vir todo mundo voltando, enquanto eu fico em Alexandria. Rogo-lhe de todo o coração que cuide do nosso filhinho: assim que recebermos o pagamento, eu o enviarei a você. Se por algum motivo você der à luz: se for um menino, deixe-o viver; mas se for uma menina, livre-se dela. Você disse a Afrodísio (que me dissesse): "Não se esqueça de mim". Como eu poderia esquecê-la? Peço que não se preocupe. Vigésimo nono ano de César (Augusto), vigésimo terceiro de Pauni.

A carta é dirigida à sua esposa Alis, a quem são expressas palavras de atenção, até de ternura. Hilário também demonstra respeito por sua mãe Berous e cuidado com seu filho Apolinário. Mas o que ele diz sobre a gravidez de sua amada esposa provavelmente nos deixa consternados: ela terá de se livrar de qualquer filha. É uma ordem que como pai ele pode dar sem problemas. Tal como no tratado de Ário Dídimo, os escritos de Hilário também testemunham claramente a autoridade paterna e, no que diz respeito ao nosso tema, a inconsistência dos direitos dos nascituros que, se não fossem bem-vindos, poderiam facilmente ser destinados à morte.

A sociedade judaica do tempo de Jesus não nos deixou páginas de tamanha crueldade, mas o relato de Marcos mostra o incômodo dos discípulos de Jesus diante da presença de crianças, consideradas interlocutoras inadequadas para o seu Mestre.

> Alguns traziam a Jesus crianças para que as acariciasse, mas os discípulos os repreendiam. Vendo isso, Jesus se aborreceu (Mc 10,13-14a).

A nossa sensibilidade atual, muito diferente da bíblica, condena instintivamente o gesto dos discípulos. E é exatamente isso que Jesus também faz, mas a sua reação indignada tem segundas intenções. Ele não está apenas indignado porque tem uma ideia diferente dos filhos, como veremos em breve. Ele também fica indignado porque percebe como seu grupo de discípulos não entendeu nada do que Ele havia dito em uma situação recente, ocorrida pouco antes. Na verdade, não é a primeira vez que Jesus indica uma criança como ponto de referência para a vida de quem o segue. No capítulo anterior, lemos:

> Então Jesus sentou-se, chamou os Doze e lhes disse: "Se alguém quer ser o primeiro, seja o último e o servo de todos". Depois pegou uma criança, colocou-a no meio deles e, abraçando-a, disse-lhes: "Quem receber uma destas crianças em meu nome, é a mim que recebe; e quem me recebe, não é a mim que recebe, mas aquele que me enviou" (Mc 9,35-37).

Jesus já havia, portanto, feito um gesto profético para com uma criança. Falando de gesto profético, refiro-me a uma ação com um valor comunicativo altamente simbólico: o gesto reforça a palavra e esclarece as suas intenções. Ao propor um estilo de serviço na comunidade, Jesus colocou de fato uma criança no centro. Justamente a sua pequenez e toda sua insignificância social lhe permitiram fortalecer o ensinamento sobre o espírito que precisaria amadurecer. Mas agora, pouco tempo depois desse gesto, Jesus é forçado a voltar ao tema, dessa vez esclarecendo ainda mais um aspecto.

> *Amém*. Eu vos asseguro: Quem não receber o Reino de Deus como uma criança, jamais nele entrará (Mc 10,15).

A solene abertura *Amém*, geralmente traduzida como *em verdade*, indica a importância do que Jesus está prestes a dizer. Jesus mostra a criança como modelo de acolhimento do Reino de Deus e, portanto, da sua lógica. Justamente a criança, que o sistema patriarcal considerava um sujeito invisível e funcional. Com Jesus, o marginalizado torna-se central, como claramente demonstrou com o seu gesto profético (Mc 9,35-37). O fraco se torna ponto de referência. A pessoa sem direitos se torna o modelo a seguir. Não um homem adulto dotado de autoridade, talvez vivido com espírito de serviço, mas uma criança que não tem nada e nem é reconhecida. Dessa forma, Jesus contradiz o modelo masculino do homem forte que administra a sua autoridade com sabedoria. O modelo que Jesus propõe é o de alguém sem poder, de alguém que simplesmente encara a vida com o desejo de aprender e de crescer, típico das crianças. Na verdade, a criança não é escolhida como referência pela sua ingenuidade ou inocência, como costumamos pensar. Em vez disso, é um símbolo de abertura generosa, curiosa e viva. Por isso ela é o modelo de discipulado, seja para os homens, seja para as mulheres. É, portanto, um ser humano incompleto que Jesus mostra. Um ser humano sem poder para administrar a vida de outras pessoas. Trata-se de um ser humano que, de fato, precisa existencialmente dos outros para viver. E aqui reside a sua força: a criança está aberta às relações e vive das relações, entrando na lógica da descoberta e da reciprocidade.

Se pensarmos bem, o próprio Jesus experimentou essa escolha de insignificância social. Num contexto habituado à reverência de chamar os mestres de *rabi* (*grande*), Jesus optou por renunciar ao poder associado a esse título. Até o poder terapêutico que os evangelhos atribuem a Jesus é constantemente subestimado por ele, com a frase dirigida à pessoa curada:

"Vai, tua fé te curou!" (Mc 10,52).

Nessa mesma chave podemos ler também o chamado segredo messiânico presente no relato de Marcos. Como se sabe, o Jesus de Marcos ordena o silêncio a todas as pessoas que o reconhecem com entusiasmo como Messias (Mc 1,25.34.44; 3,12; 5,43; 7,36; 8,27-30). Para além da estratégia de comunicação de Marcos, esse detalhe redundante também testemunha o desejo de Jesus de não ser associado ao poder político e religioso atribuído ao Messias. Segundo esse evangelho, Jesus, mesmo durante o julgamento, questionado por Pilatos, não afirmou ser o rei dos judeus, título ligado ao Messias:

Pilatos perguntou-lhe: "És tu o rei dos judeus?" Jesus respondeu: "Tu o dizes". (Mc 15,2).

Nesse sentido, Jesus concluiu a sua existência terrena recusando-se a apelar a um poder que poderia representar um privilégio. Ele escolheu o caminho da pequenez, da invisibilidade, da proximidade com os últimos.

Uma viúva (Mc 12,41-44)

Entre as figuras oferecidas para identificação positiva no relato de Marcos, podemos sem dúvida levar em consideração, no que se refere à nossa pesquisa, também a viúva que Jesus percebe no Templo. Mas, como já fizemos ao tratar das crianças, também dessa vez vamos primeiro dizer algo sobre a condição de viuvez apresentada na Bíblia e encontrada também na época de Jesus.

A situação das viúvas no antigo Israel era marcada por dificuldades: privadas da proteção econômica e social do marido, encontravam-se expostas a múltiplos perigos. A viuvez era a segunda causa de precariedade da condição da mulher, perdia apenas para a poligamia. Na poligamia, como já dissemos, a mulher tinha de lutar e disputar com as outras para conseguir alguma atenção e privilégio do marido. Na viuvez, a mulher se via em uma situação ainda mais instável e dramática: ela não tinha direito à herança do marido, que passava para os filhos ou voltava para o clã e, somente se fosse filha de sacerdotes, poderia retornar à casa paterna. As viúvas com filhos podiam esperar pela ajuda destes, uma vez que eram protegidas pelo mandamento divino de honrar os pais. Para as outras, a viuvez significava a iminência de uma vida precária, mendicância ou coisa pior. Por essa razão, a legislação mosaica previa cuidados especiais às viúvas, precisamente para protegê-las, juntamente com a outra categoria desfavorecida de órfãos, privados de proteção paterna.

> Jamais oprimas uma viúva ou um órfão (Ex 22,21).

E insistia-se nisso até apresentar o próprio Deus como aquele que

> faz justiça ao órfão e à viúva (Dt 10,18).

Na verdade, o sistema clânico já devia ter protegido a mulher deixada sem a proteção do marido, mas, como os casamentos eram patrilocais, a viúva encontrava-se muitas vezes materialmente distante do seu próprio clã de origem, e pouco à vontade no do seu falecido marido, que não tinha nenhum dever legal para com ela. Por isso, as páginas proféticas aumentaram a dose, repletas de mandamentos divinos destinados a proteger as viúvas e a deixar claro que, na realidade, os preceitos da Escritura não eram suficientes para lhes oferecer garantias econômicas e sociais eficazes. As páginas proféticas associam as figuras imaginárias dos vulneráveis na sociedade: a viúva porque não tem marido que a proteja; o órfão porque não tem pai que o sustente; o estrangeiro porque lhe falta um clã que o proteja.

> Aprendei a fazer o bem! Procurai a justiça, corrigi o opressor. Fazei justiça ao órfão, defendei a viúva (Is 1,17).

> Praticai o direito e a justiça. Livrai o explorado da mão do opressor; não oprimais o estrangeiro, o órfão ou a viúva, não façais violência nem derrameis sangue inocente neste lugar (Jr 22,3).
>
> Não oprimais a viúva, o órfão, o estrangeiro e o pobre, não trameis o mal em vossos corações, um contra o outro (Zc 7,10).

É necessário, portanto, ter presente que, quando a Bíblia fala de viuvez, não pretende referir-se à condição daquelas mulheres que hoje, nos países ditos ocidentais, dotados de sistemas de proteção e de assistência social, perdem os seus maridos. Certamente elas também serão provadas pela dor, mas não é certo que sejam reduzidas à pobreza, como acontecia sistematicamente com as viúvas dos povos antigos.

Agora, tendo em conta a condição econômica e social da viuvez nos tempos bíblicos, é impressionante notar, no relato de Marcos, o gesto realizado por uma viúva pobre no Templo, sob o olhar atento de Jesus.

> Jesus estava sentado diante do cofre de esmolas e observava como o povo depositava as moedas. Muitos ricos depositavam muitas moedas. Veio, então, uma pobre viúva e pôs no cofre apenas duas moedinhas no valor de alguns centavos (Mc 12,41-42).

Jesus se detém a olhar para uma viúva, possivelmente malvestida. Sua necessidade é apontada pelo narrador e logo confirmada por Jesus em suas palavras. Ela se junta àqueles que jogam suas moedas na caixa de oferendas do Templo. Ele participa, portanto, numa espécie de liturgia de oferenda, pontuada pelo tilintar solene das moedas lançadas na boca em forma de trombeta da caixa. O tamanho da oferenda poderia ser determinado pela duração do som ouvido. Os ricos, provavelmente reconhecíveis pelas suas roupas suntuosas, com os seus gestos solenes, tinham certamente produzido um longo tilintar ao atirarem as suas moedas. O gesto da mulher, em vez disso, deve ter sido acompanhado por dois ruídos muito pequenos e difíceis de perceber. Jesus deve ter notado a mísera oferta lançada pela viúva. A oferenda que ela havia confiado à caixa do Templo era de fato insignificante: dois léptons. O lépton era a menor moeda grega em circulação. Marcos, tendo em mente o seu público romano, apresenta o equivalente em um quadrante (*quadrans*). Seria como, hoje, fazer a oferta de duas moedas de cinco centavos. Uma oferta ridícula. No entanto, Jesus não pensa assim.

> Jesus chamou os discípulos e lhes disse: "Eu vos asseguro: esta pobre viúva deu mais do que todos os que depositaram no cofre. Pois todos eles deram do que lhes sobrava; ela, porém, na sua indigência, deu tudo que tinha, todo o seu sustento" (Mc 12,43-44).

Jesus chama a atenção do seu grupo de discípulos por meio do solene *Amém,* que, como vimos, marca os momentos importantes do seu ensinamento. Ele então esclarece que aquela viúva pobre deu a maior oferta de todas. Aqueles que antes dela lançaram suas moedas o fizeram valendo-se do que lhes sobrava. Mas ela, ao fazer tal doação, colocou em risco sua subsistência. O texto grego sugere que ela deu toda a sua vida como oferta. O valor exemplar daquele gesto é intensificado pela condenação que, pouco antes dessas considerações, Jesus havia lançado contra a ação dos escribas, homens cultos e sábios, sempre em busca da aprovação pública e geralmente abastados. Na verdade, Ele os havia apontado em termos inequívocos como aqueles que

devoram as casas das viúvas (Mc 12,40).

Jesus volta, portanto, a apresentar uma figura marginal no contexto patriarcal. Uma mulher sem homem, sem proteção e sem segurança. Pobre e desapegada. Provavelmente sem filhos ou sem importância para eles. Mas é ela, a mulher que não tem marido nem descendência masculina, que se torna modelo de vida. Ela soube entrar na lógica do dom e da confiança. Vítima dos assim chamados sábios que se aproveitam da sua vulnerabilidade, ela se torna para Jesus um precioso ponto de referência para aprender a viver a lógica do Reino de Deus. É também um antimodelo no que diz respeito ao ideal feminino: ela não tem família para cuidar e nenhum marido a quem servir e honrar. É uma mulher sozinha, sob o olhar de Deus, e é uma mulher que oferece o seu pouco, que é também o seu tudo, ao seu Deus.

Jesus colocou-se na mesma linha dessa viúva pobre, porque se entregou totalmente pela causa do Reino, renunciando à segurança econômica que o seu trabalho como carpinteiro lhe garantiria (Mc 6,3). Na sua escolha de itinerância, marcada pela essencialidade, segundo nos conta Lucas, Jesus aceitou sem problemas depender economicamente do seu seguimento feminino:

> Havia também algumas mulheres que tinham sido curadas de espíritos malignos e enfermidades [...] que os serviam com seus bens (Lc 8,2.3).

E isso contestando o desconforto com que a Bíblia pensa no homem sustentado por uma mulher:

> Há irritação, desprezo e grande vergonha, quando a mulher sustenta seu marido (Eclo 25,22).

Jesus está além

Um homem alternativo

Acabamos de considerar algumas figuras oferecidas pelo Evangelho como modelos de liberdade interior e de abertura à lógica do Reino de Deus. Concluindo, podemos sem dúvida olhar, sempre nessa chave de leitura, para a humanidade de Jesus. É o próprio Jesus, com a sua humanidade livre e profunda, que se nos mostra como a maior contraproposta à sociedade patriarcal. Jesus é o homem alternativo, porque está aberto ao amor de Deus a ponto de se tornar transparência (Corallo, 2020). Convém agora um olhar retrospectivo sobre Ele, reconstituindo em termos gerais todas as passagens consideradas nestas páginas, para desenvolver uma visão global que nos dê mais clareza sobre o alcance libertador da sua humanidade.

Jesus alinha-se com a escolha subversiva de um sacerdote que se recusa a oficiar no Templo, para anunciar a necessidade urgente de uma mudança de mentalidade. Com efeito, o Batista contestou a expectativa da sua posição social: não prosseguiu a função sacerdotal de Zacarias, seu pai; ele não deu continuidade à sua linhagem paterna recusando-se a se casar; não contribui para a subsistência étnica do seu povo, não tendo filhos. Ele abre o relato de Marcos como um contramodelo profético da ação de Jesus.

Jesus mostra uma liberdade desconcertante em relação às expectativas dos pais sobre a sua colocação familiar. Deixa o seu lugar de origem, o seu trabalho, o seu círculo de amigos e familiares, atraído por um projeto de itinerância profética. Ele embarca em uma jornada humana e espiritual incerta que preocupa seriamente sua família. Acompanhado por sua mãe e seus irmãos e irmãs, foge decididamente da pretensão parental de se enquadrar nos padrões estabelecidos e revela o verdadeiro sentido da honra a ser prestada ao pai e à mãe: ser filhos e filhas realizados.

Ele se depara com um homem ferido por fortes expectativas de gênero em relação à sua masculinidade e lhe oferece uma forma alternativa de ser homem em uma sociedade acostumada ao abuso patriarcal. Mostra uma masculinidade capaz de diálogo, de reconhecer a alteridade e de ser manso, quebrando um estereótipo bastante arraigado na maneira de pensar da época. Ele liberta uma jovem das exigências paralisantes da dependência paterna e uma mulher mais madura do esconderijo numa sociedade obcecada pela impureza, fazendo-a falar em público e revelar coragem e fé.

Apresenta-se como um rabino celibatário, desconcertando os doutos do seu tempo, polemizando aberta e profeticamente com uma certa forma de compreender o casamento no horizonte patriarcal. Ele se manifesta contra o repúdio que deixa as mulheres sem proteção social e apoio econômico. Desafia aqueles que veem a mulher como um mero instrumento de procriação, negando a sua dignidade pessoal e banalizando o valor de uma união conjugal autêntica a ser construída ao longo do tempo.

Ele toma nos braços as crianças, invisíveis no seu contexto cultural, e as apresenta como modelos de abertura ao Reino de Deus. Percebe, entre os ricos que chegaram ao Templo, uma pobre viúva que mostra uma radical generosidade. E aponta ao seu grupo de discípulos a atitude dessa mulher como um modelo de fé.

É, portanto, a humanidade de Jesus que se oferece como modelo alternativo mais autenticamente, porque sabe ir ao encontro das outras pessoas, reconhecendo em cada uma delas a dignidade de quem é tremendamente amado e querido por Deus pelo que é, no direito à vida plena. A sua forma de olhar para os homens e as mulheres ultrapassa as fronteiras temporais e oferece-se a nós como um espelho da nossa capacidade relacional. A prática de Jesus e as suas palavras corroeram os fundamentos da sociedade patriarcal do século I e nos oferecem ainda hoje caminhos para uma libertação sempre possível. E se a Igreja, ao longo da sua história, nem sempre soube viver essa liberdade para si e para os outros, é porque a liberdade é mais exigente do que a norma, ela exige uma elasticidade interior e a capacidade de modificar ideias e práticas, palavras e imaginário. O Evangelho de Jesus continua a ser um modelo de libertação de todos os contextos opressivos, como o patriarcado, porque a liberdade é o sonho de Deus para cada um de nós.

ALÉM DOS CAMINHOS JÁ PERCORRIDOS

A proposta antipatriarcal que o Evangelho preserva e não deixa de propor é um convite urgente que não podemos mais perder. Cada pessoa fascinada pela proposta libertadora de Jesus pode então sentir-se libertada das expectativas sociais que a aprisionam numa função vinculante. Da mesma forma, cada um poderá aprender a olhar com saudável realismo, e talvez com uma pitada de ternura, para as expectativas familiares e parentais que acompanham o seu caminho: cumpri-las profundamente significará procurar o seu próprio caminho e segui-lo com determinação. Só assim honraremos verdadeiramente aqueles que nos deram a vida e nos acompanharam durante nosso crescimento. O mundo da sexualidade pode ser levado a sério, como uma complexidade maravilhosa, a ser valorizada, acolhida e orientada para a felicidade de cada pessoa. Os papéis de gênero não podem mais ser barreiras intransponíveis, mas sim pontos de partida a serem repensados. As uniões amorosas, libertadas de papéis fixos e imobilistas, podem assim ser um espaço de reciprocidade e de compreensão, um campo privilegiado de crescimento que humaniza e leva à plenitude das próprias possibilidades. Tendo consciência de que somos amados, e amados simplesmente por sermos quem somos, seremos capazes de rejeitar modelos sufocantes e constrangedores, de desconstruir expectativas de falsa perfeição. E confrontar-nos com as pessoas frágeis da história, para redescobrir que também estamos bem assim: vulneráveis, mas tremendamente amados. E por isso, capaz de crescer e melhorar. Porque só o amor é capaz de transformar profunda e autenticamente. A humanidade de Jesus, transparência luminosa do divino, pode ser o nosso ponto de referência.

ALÉM DO QUE ESTÁ ESCRITO

CORALLO, A. *Dal deserto al sepolcro* – La strategia simbolica degli spazi nel vangelo di Marco. Amazon, 2019.

CORALLO, A. *L'umanità di Gesù, trasparenza del divino*. Meditazioni sul Natale. Amazon, 2020.

CORALLO, A. *GeSùperman ma anche no* – Miracoli e altri equivoci. Amazon, 2021a.

CORALLO, A. *Croce e delizia* – Ripensando la risurrezione di Gesù. Amazon, 2021b.

CUVILLIER, É. *Evangelo secondo Marco*. Magnano: Qiqajon, 2011.

FOCANT, C. *Il Vangelo secondo Marco*. Assis: Cittadella, 2015.

GARCÌA MARTÌNEZ, F.; TREBOLLE BARRERA, J. *Gli uomini di Qumran*. Bréscia: Paideia, 1996.

GASPARRO, L. *Simbolo e narrazione in Marco* – La dimensione simbolica del secondo Vangelo alla luce della pericope del fico di Mc 11,12-25. Roma, 2012.

GNILKA, J. *Marco*. Assis: Cittadella, 1987.

GRILLI, M. *L'impotenza che salva – Il mistero della croce in Mc 8,27–10,52* – Lettura in chiave comunicativa. Bolonha: EDB, 2009.

GRILLI, M. *"Paradosso" e "mistero"* – Il Vangelo di Marco. Bolonha: EDB, 2012.

GRILLI, M. *Vangeli sinottici e Atti degli Apostoli*. Bolonha: EDB, 2016.

GUIJARRO OPORTO, S. *Fedeltà in conflitto* – La rottura con la famiglia a motivo del discepolato e della missione nella tradizione sinottica. Cinisello Balsamo: San Paolo, 2010.

HARARI, Y.N. *Sapiens* – Da animali a dei. Milão: Bompiani, 2014.

HARRINGTON, D.; DONAHUE, J. *Il Vangelo di Marco*. Leumann: LDC, 2006.

IBBA, G. *Il Vangelo di Marco e l'impuro*. Bréscia: Paideia, 2014.

VAN IERSEL, B. *Leggere Marco*. Cinisello Balsamo: San Paolo, 1989.

VAN IERSEL, B. *Marco* – La lettura e la risposta: Un commento. Bréscia: Paideia, 2008.

LENAERS, R. *Gesù di Nazaret* – Uomo come noi? San Pietro in Cariano: Gabrielli Editori, 2017.

MATEOS, J.; CAMACHO, F. *Il Vangelo di Marco –* Analisi linguistica e commento esegetico. Vol. I. Assis, 1997.

MELLONI, J. *El Cristo interior.* Barcelona: Herder, 2012.

PAGOLA, J.A. *Jesùs*: Aproximación histórica. Madri: PPC, 2013 [trad. bras.: *Jesus*: aproximação histórica. Petrópolis: Vozes, 2013].

DA SPINETOLI, O. *Io credo –* Dire la fede adulta. Molfetta: La Meridiana, 2012.

DA SPINETOLI, O. *L'inutile fardello.* Milão: Chiare-lettere, 2017.

SPONG, J.S. *Gesù per i non-religiosi –* Recuperare il divino al cuore dell'uomo. Bolsena: Massari, 2012.

SPONG, J.S. *Incredibile –* Perché il credo delle Chiese cristiane non convince più. Milão/Údine: Mimesis, 2020.

SPONG, J.S. *Letteralismo biblico: eresia dei Gentili –* Viaggio in un cristianesimo nuovo per la porta del Vangelo di Matteo. Bolsena: Massari, 2018.

STF [Supremo Tribunal Federal]. *Portal STF.* Mês da Mulher: STF derruba uso de tese de legítima defesa da honra para crimes de feminicídio. 8 mar. 2023. Disponível em: https://portal.stf.jus.br/noticias/ver NoticiaDetalhe.asp?idConteudo=503655&ori=1 – Acesso: 16 jun. 2023.

TORRES QUEIRUGA, A. *Io credo in un Dio fatto così* – Risposte di un teologo alle obiezioni sulla fede. Bolonha: EDB, 2017.

ZORZI, S. *Il genere di Dio*: La Chiesa e la teologia alla prova del gender. Molfetta: La Meridiana, 2017.

Conecte-se conosco:

f facebook.com/editoravozes

◉ @editoravozes

✕ @editora_vozes

▶ youtube.com/editoravozes

◉ +55 24 2233-9033

www.vozes.com.br

Conheça nossas lojas:

www.livrariavozes.com.br

Belo Horizonte – Brasília – Campinas – Cuiabá – Curitiba
Fortaleza – Juiz de Fora – Petrópolis – Recife – São Paulo

  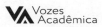

EDITORA VOZES LTDA.
Rua Frei Luís, 100 – Centro – Cep 25689-900 – Petrópolis, RJ
Tel.: (24) 2233-9000 – E-mail: vendas@vozes.com.br